13 MOON CALENDAR
IN LAK'ECH!

星際馬雅
13月亮曆

陳盈君

著

── 目錄 ──

I
第1部
── 13:20共時序 ──

第 1 章｜13月亮曆簡介

第 2 章｜尋找13:20星系印記

III

第3部

—— 延伸專區 ——

新的旅程，星際閃耀

順流於和諧時間之中，活出天賦，開展生命藍圖！

這本書，獻給此時此刻翻開這本書的你，親愛的星際馬雅家人。

因著你們的愛，陪著我一路走來，持續地分享愛。

Kin163共振藍夜，來自地球波符的星際馬雅旅人

這本書以全新版本出發，幾乎是快要重新寫了一本呀！前後也花了9個月的時間....

第一個版本是2019年8月《星際馬雅13月亮曆》上市，是在我流年城堡進入「黃色給予城堡」的轉彎處「太陽黃星星Kin48」。經歷了5個年頭，而現在此刻，我來到了最後一個宇宙調性「宇宙黃星星Kin208」。有學習曆法的星際家人們都知道，宇宙黃星星Kin208是一個非常特殊的星際印記，不僅象徵了國王石棺旁13個清晰印記的總和，也是舊週期結束、新週期能量開始日期的主印記（2012年12月22日），更代表了整套星際共時曆法。

進入宇宙黃星星能量前，在幾次的靜心與凝定中，我往內在探問：這麼殊勝的印記流年，要好好把握。我知道很多人等著覺醒、等待機緣來學習這套星際曆法，我願意來成就，我願意繼續帶領更多人認回自己的使命與力量。這一年，我能給出什麼服務與貢獻呢？我能如何分享我的愛跟喜悅，把這套13月亮曆法更擴大分享出去呢？

對，全新改版，把我這5年來的教學經驗、個案經驗、生活實踐與共時體悟，更人性化的應用曆法、更好理解的方式，統統新增到新版的書裡頭，讓更多人受益。還有大家一直翻來翻去找不到資料的困擾，都一次解決，調整成更清晰好閱讀的版面。是的，就是這個了！我就是要做全新翻修的大工程！

本書的篇章安排，分成三個部分：

第1部【13：20共時序】

13:20 共時序，看圖騰調性/卓爾金曆，把13調性與20圖騰逐一完整呈現。
這是我們的配備、生命中帶有的資源，可以如何展現自己的力量。

　　──簡介曆法與共時

　　──怎麼算自己所有的印記

　　──顏色、圖騰、女神力量

　　──調性、波符、身體全息圖

第2部【13：28週期序】

13：28 週期序，看13月曆/萬年曆，在月曆的日期/幾月幾日。
以日期的時間結構、幾月幾日的時空背景之下，將第1部13：20的圖騰調性融入其中，詳細介紹馬雅生日與流年。

　　──介紹13月曆怎麼查

　　──找到自己的馬雅生日、等離子與脈輪、PSI

　　──流年流日的調頻魔法、地球家族、52流年命運城堡

第3部【延伸專區】

所有延伸與應用的，都放在第3部。

　　──關係合盤、內在小孩

　　──文明歷史、國王石棺印記、棋盤預言(Telektonon)等相關的參考資訊。

多年來星際馬雅13月亮曆法教學的心得、個案解讀經驗與精華，也都匯聚在新版裡了！這次，真的多了很多好東西呢！

時間就像巨大的載體，所有的事情都在時間之上發生著。當我們以和諧共振的頻率走在時間之流中，所有的發生也都能攜帶著和諧的頻率。無論過去已發生的事，現在當下正在進行中的，或者未來即將到來的，都帶有時間軸的元素。而我們的意識，如何詮釋你的過去、如何經驗你的當下、如何創造你的未來，都決定於核心所投射出的影像究竟是些什麼，而這關鍵的意識源頭，就是我們的「心」。

心的和諧頻率，帶來生命的和諧；
世上所有的力量，來自於心靈的選擇能力；
生命轉化的奇蹟，來自於你的念頭，存乎心念之間。

星際馬雅13月亮曆法，提供了一個高維度的視角來觀看我們的人生。

把我們的注意力從外在拉回內在，以新的理解讓我們看清生命的本質，顯現真相。

學習星際馬雅13月亮曆法的那一年，剛過了所謂的2012馬雅末日預言，舊週期的結束、迎接新的大週期到來，當年正巧就是「銀河黃種子年」Kin164新世紀的第一道曙光，也剛好是我自己的地球波符。2013年8月，我開始接觸星際馬雅13月亮曆法；2014年秋分，我踏上墨西哥馬雅的聖地旅行※。

這道曙光，照進了我生命中的每個角落，我就像進入一股宇宙洪流之中，一個個美麗驚喜的共時、一個個豐盛的機緣安排，不斷在我眼前盛開。教學課程從台灣、馬來西亞、中國大陸、香港等地，不停的開展，馬雅力量的種子，遍地開花！從教學至今，包括線上與實體課程，已經累積幾百個班級，教導出無數的學生們，而這些馬雅種子教師們，也在各個國家、各個城市，繼續分享的工作。後來經歷幾年疫情，也促使線上課的分享更加便利，讓更多朋友們都能學習。

※ 感謝彭芷雯老師、ShavatY 老師、David Wang 帶團照顧，開啟我與馬雅文明的連結。

一開始，中文的馬雅曆法書籍幾乎等於零，我自己花了很多時間上網研究原文網站與各種英文資料，也開始整合自己多年來的諮商輔導系統，把人格天賦與關係伴侶諮商也放進教學內容。後來，因著自己教學的便利性，也為了讓大家能在生活中實踐曆法，我與左西團隊開始全力策劃並出版各項工具與實用專書「13月亮曆法實踐書」，也是我常說的「馬雅手帳本」因而誕生，也同步創作「星際馬雅卡、很角色卡」系列出版。

經歷了多年的分享教學，我的許多學生們也開始在各地傳遞並分享這套曆法的美妙。真心希望有更多人認識這套曆法，把博大精深的時間法則及曆法知識傳遞給更多人！於是，我跟芳如討論起這本書的出版可能，把我在教學過程中的精華都寫進書裡面，不藏私地把解密細節及步驟，都完整呈現出來。這次，感謝地平線文化支持我重新改版的計畫，編輯阿尼的耐心細心又貼心的一直與我討論，總是保持好奇一直發問，我深愛這段時間又聚焦又發散的交流，雖然幾乎整本要重新來過（整個架構全部打掉、重新調整），但阿尼總是問我：「要做嗎？要改嗎？這樣大家比較好讀」就做了！只是為了一個理想「希望讀者更好閱讀、方便學習者能更容易學習」，出版的用心、單純服務的愛、盡善盡美，我深深感動！

13月亮曆，不只是一套認識自己的系統，更是一套調頻、轉化的好工具，並能打開你對生命不同的觀點。以一種新的方式重新看待你自己、以新的方式看待生活、以新的眼光看待他人，讓我們更能發揮天賦、啟動潛能，活出那個本然的自己。

這本書完整呈現了星際馬雅13月亮曆的自然法則，以及在學習共時曆法過程中的基礎知識，願所有讀者都能夠循序漸進、按圖索驥地進入曆法的樂趣之中。

藉此機會，獻上我最深的愛給地球母親、天空父親、馬雅祖靈與星際老師，還有教導過我的曆法導師們[※]，由衷感謝在世界各地的星際家人們，無論你在哪個城市、哪個國家，我知道彼此都因著彩虹橋而連結，我們心中都有心電感應的彩虹頻率在互相支持。最後，感謝我的父母給予我生命，感謝最強大的左西團隊與全球各地的粉絲們，總是力挺我到底！

感謝每一位夥伴在過程中的彼此支持、付出與貢獻，從第一版的出版、到新版的出版，有著大家滿滿的愛、灌注在一致的願景上，一起成就美好的事，完成現階段的星際宇宙任務，真的是太美麗了！

當我們連結上源頭的生命力量時，豐盛也將源源不絕朝你而來。
整體的地球頻率將持續成長與躍進，我們躬逢其盛，也與時俱進。

你準備好了嗎？跟我們一起加入馬雅彩虹心靈戰士的行列吧！

IN LAK'ECH

陳盈君 寫於台灣左西

※ 師承 Katarina、Ana、Rebecca 我的 13 月亮曆法啟蒙老師。感謝 Katarina 老師把西班牙的資料翻譯成英文，再由 Rafeeka 將 Ana 老師帶來台灣，我們才有幸能夠接觸並學習。我第一堂馬雅曆法課是 Rebecca 老師帶領的。

I

第 1 部

13：20 共時序

第 1 章

13月亮曆簡介

═══ 星際馬雅13月亮曆是什麼？ ═══

　　這是來自中南美洲的馬雅文明與其曆法的共時智慧，能為人們的生命帶來無限擴展。許多人也相信學習「星際馬雅13月亮曆」有其重要性，究竟這套曆法有什麼神奇的力量呢？

　　馬雅人是時間的管理者、預言者，我們又將他們稱為時間旅者、宇宙的旅行者（Galatic Navigator）。星際馬雅人，帶來了宇宙銀河星系的智慧，而荷西・阿圭勒斯博士（Dr. José Argüelles）則接收並傳遞了這股來自天狼星的美麗訊息，把完整的「星際馬雅13月亮曆法」系統化，讓我們得以在生活中實踐體驗「時間就是藝術」（Time is Art）的理念，超越原本機械式的時間規則與緊迫掌控，更能協助自己活出本然的天賦力量。

世界上所有的一切，都是頻率！

　　物質是頻率、意念是頻率、聲音是頻率、時間也是頻率，不同的頻率會顯化出不同的能量與事件。當我們開始接觸並學習13月亮曆法，就是開始讓自己與宇宙頻率「校準」對頻。當頻率對上了，能量就對了，我們在地球上的能量就能夠更正確的被運用，正確活出自己與生俱來的能量！

自然時間法則

　　我們藉由學習星際馬雅13月亮曆，將原有的舊週期12：60機械式的頻率（至2012年12月21日），轉換到新週期13：20的自然法則。透過改變時間的使用方式，我們能有意識地提升頻率，開始觀察到生活中種種「共時」事件的發生。觀察每天的星系印記，都是與第四次元心電感應的連結，我們運用這樣的能量校準，讓我們的能量與宇宙對頻，替我們的心智開啟嶄新潛力，完成生命真正的蛻變，讓生命更寬廣。

　　當你學習13月亮曆法，便會開始回歸自然的時間法則，你會認識自己的宇宙源頭能量，這種方式就是開始給予地球母親最大的愛，也是給自己最大的支持。同時，你會開始認識身邊每個人的真實力量，而這也是給予他人支持的一種方式。

◎13：20共時序

　　13：20代表馬雅曆的13個調性、20個圖騰，13 × 20=260，就是卓爾金曆※上260個星系印記的位置，我們可以從中看到共時（Synchronic）的能量與運作。

◎13：28週期序／循環序

　　13：28代表馬雅曆的13個月，每個月有28天，13 × 28=364，算出來一年會有364天，就是月曆上的循環週期。但是，一年實際上有365天，那麼少掉的一天去哪裡了？其實這一天是「無時間日」（Day Out of Time），也就是每年的西元7月25日。

※ 馬雅學家給了馬雅版的中美洲 260 天曆法一個名稱：卓爾金曆（TZOLKIN），這是依據猶加敦語（Yucatán）所建立，引申意義為「日子的計數」（count of days）。
卓爾金曆（參考 34 頁）從左上角開始起算，從上往下共 20 個圖騰，每一個圖騰橫列裡有 13 個調性，所以形成了總共 260 個 Kin（一個 Kin 代表一天），而這張卓爾金曆，包含了整個宇宙與馬雅曆法最重要的密碼。

共時的曆法

　　這套宇宙的星際馬雅曆法，又稱「行星服務的曆法」，完整的名稱叫做「星際馬雅13月亮曆」，也有人稱「13月亮28天曆」，簡稱「13月亮曆」。這是關於生命的教導，更是一套「共時」的宇宙曆法。當你在生活中練習並利用曆法來實踐，就是開始「校準」頻率，讓自己回到「自然的頻率」當中。

　　如果我們能夠開始在生活中觀察到「共時現象」，就能進一步認出各種宇宙的巧妙安排，其實都是同步性、都是共時性，例如巧合的發生、奇妙的體驗、剛剛好的奇遇。就如同日本哲學家森信三（Shinzō Mori）曾說過的：「人的一生之間，一定會與命中注定的人相遇。相遇的時機將早一分太早、晚一分太晚般的恰到好處。」

　　學習曆法後，共時經驗在生活中出現的次數將會越來越多，這是因為我們跟宇宙頻率調整到一個「對準」的能量上，也因為這樣的共時，能讓我們生命更順流，做任何事情都能越來越順暢、順利，且輕鬆不費力！

　　因此，當你開始運用曆法來過生活，就會對自己、對生命、對他人有著最大的支持。運用13月亮曆，是最生活化且簡易的方法，能改變我們自己和環境，進入太陽系同步共時的和諧頻率之中。

　　從西元2013年開始，這一年的7月26日是銀河黃種子年「新世紀的第一道光」，這第一道曙光帶領我們正式進入一個準備期。接下來將有7年時間（也就是地球服務之7年任務計畫），能夠讓我們好好調整自己的頻率，進入次元的轉化階段。

　　地球服務的任務，也就是星際馬雅家人們的時空任務。透過13月亮曆法的實踐，把和平旗的精神「靈性、藝術、科學」帶到世界上每一個需要的地方，種下真誠的種子，布下良善的業！協助每一個靈魂認出自己的天賦潛能，並且能善用、掌握這份力量，提升意識維度，打開各種新的可能性。

◎ 地球服務7年任務

從2013年7月26日（銀河黃種子）這年開始，到磁性白巫師年結束於2020年7月25日：

第一年/2013-2014：NS1.26 銀河黃種子年 Kin164

第二年/2014-2015：NS1.27 太陽紅月年 Kin9

第三年/2015-2016：NS1.28 行星白巫師年 Kin114

第四年/2016-2017：NS1.29 光譜藍風暴年 Kin219

第五年/2017-2018：NS1.30 水晶黃種子年 Kin64

第六年/2018-2019：NS1.31 宇宙紅月年 Kin169

第七年/2019-2020：NS1.32 磁性白巫師年 Kin14

◎ 開啟9個時間維度

接續著7年任務，從2020年7月26日（月亮藍風暴）這年開始，到行星藍風暴年結束於2029年7月25日，是喚醒九個時間維度的任務週期。（資料來源：時間法則/紅皇后：lawoftime.org）

第一時間維度/2020-2021：NS1.33 月亮藍風暴年 Kin119

第二時間維度/2021-2022：NS1.34 電力黃種子年 Kin224

第三時間維度/2022-2023：NS1.35 自我存在紅月年 Kin69（GAP）

第四時間維度/2023-2024：NS1.36 超頻白巫師年 Kin174

第五時間維度/2024-2025：NS1.37 韻律藍風暴年 Kin19

第六時間維度/2025-2026：NS1.38 共振黃種子年 Kin124

第七時間維度/2026-2027：NS1.39 銀河紅月年 Kin229

第八時間維度/2027-2028：NS1.40 太陽白巫師年 Kin74

第九時間維度/2028-2029：NS1.41 行星藍風暴年 Kin179

這麼多年來致力於13月亮曆法的分享，實踐了當初對地球母親的承諾。我不僅一頭栽進這個系統對我的召喚（我的主印記Kin163是2013年7月25日無時間日，把新世紀的第一道曙光帶進地球），完成了最初7年的任務，

更是在9年時間維度的任務中繼續前進。此時此刻，持續用自己的方式分享共時曆法這套系統帶給我的感動，帶領更多星際馬雅家人一起踏上回家的道路。

　　許多人已經在生活中感受並體驗到真實的改變發生，能量快速而且強大。而我們相信，星際馬雅的智慧原本就在自己之內。而我們本來就擁有這些智慧，現在的我們將要重新喚醒並拿回自己原本的力量，讓每個人都憶起，自己就是宇宙中移動真理的象徵。

我與地球合而為一；

地球與我同一心智、同一心識、同一頻率。

就讓我們一起進入美麗的探索旅程吧！

IN LAK'ECH——

「IN LAK'ECH」是馬雅人的招呼語，意思是「你是我，我是另一個你。我們是一體的！」來到你身邊的每一個人，你都能認出：他就是你的一部分，你也是他的一部分。

當我們遇到學習馬雅曆法的朋友時，會說彼此是「馬雅家人」。而打招呼的問候語就是「 IN LAK'ECH」。當我們說出「 IN LAK'ECH」時，就能夠透過音頻共振每個來到面前的人並給予祝福，而且能認出面前的每個你，都是與自己有內在頻率的共振，所以彼此才會互相吸引，一起來這裡學習、玩耍，來人間服務、來地球做一些美好的事情。

「IN LAK'ECH」，除了打招呼、問好之外，還可以在什麼時候使用呢？
如果你聽到一段生命經歷的分享，可以直接回應「IN LAK'ECH」，代表了感謝語，回應並感恩聽到這段分享。

當你發現生活出現了很多奇妙的巧合、偶然或奇蹟般的神奇默契，我們都稱之為「共時」的現象。例如，我們會發現某些重要印記的人物出現在生活裡（為家人朋友計算馬雅印記時，可能會發現對方剛好就是自己的完美推動、完美支持等等），這些夥伴出現在你身邊時，我們就會跟對方說「IN LAK'ECH」，代表這個巧合且共時的經驗，因此，這句話也代表了對一個美好共時安排的回應。

第 2 章
尋找 13：20 星系印記

什麼是星系印記？

　　每個人都有自己專屬的星系印記（Galactic Signature），一個印記的基本組成包含三個部分，包含Kin數字（Kin是日子的單位，共有260個）、調性（數字的頻率，共有13個）和圖騰（包含顏色與圖騰，共有20個）。以我個人的星系印記Kin163共振藍夜為例，Kin數字是163，調性是7共振，圖騰是藍夜 。

　　而由五個圖騰排列在一起的「五大神諭力量」組合，稱為「星系印記組合盤」。這五個圖騰代表了五種頻率能量，也是每個人與生俱來的配備。當你選擇來到人間，靈魂選擇了一個特定日期（出生年月日）誕生的時候，能量就是以一個完整的組合進來，你能夠感受到屬於自己的支持、挑戰擴展、引導、隱藏推動等能量，其實都已經具備了，只是若要在生活中開發出來，我們就得做出相對應的行動與練習，透過有意識地覺察自己的情緒、想法與行動，活出本然的天賦力量。

　　以右圖為例，主印記為黃人，支持為藍手，我們如果能多展現一些藍手圖騰的特質行為，做一些該圖騰對應的活動（每個圖騰的特質請參考第3章），便可以支持你的能量；內在的想法計畫，同樣可以透過「手」去創造。相同的，遇到黃人主印記的日子，在當天有意識地創

造這些行為，能夠讓這些有意識的行為加持今天的能量。換句話說，若你想在那天找人討論事情，應該要很落實地談論「可以怎麼做」、「怎麼調整」等等。而當你把13月亮曆運用到生活時，會發現自己能夠更有意識地過生活。

◎動手計算是調頻最快的方法

對馬雅人來說，他們相當注重親自動手畫出圖騰與彩色圖案，這也是喚醒心電感應最好的方式。幾千年前並沒有app、沒有課本，當然更不會有太多資料可以作為參考，所以馬雅人只能親自動手算出這些數字，而親自將這些數字跟馬雅圖騰頻率連結，正是調頻、校準自身能量最快的方法。

我曾聽過許多夥伴分享：學習曆法的效果特別好，是因為每個圖騰都是自己動手算出來、畫出來的。反倒是一開始就依賴手機或電腦運算的同學，有時會比較難連結頻率。所以，我特別鼓勵大家在調頻的過程中，避免用app或網站查詢生日資料，建議「自己動手計算出來」，透過一筆一畫繪製出來的過程，會很清楚且直接地明白：力量來自何方、為何如此。一步步替自己慢慢解密的過程，是非常奇妙的體驗。

「動手計算」也是學習過程的重要關鍵，如此一來，才會知道自己哪裡算錯，而且幸運的我們現在還有書籍可以對照、檢驗。完整畫完再對照是比較好的方法，更何況親自動手計算與繪製的過程，其實就已經在為自己調頻了。

找出自己的星系主印記

　　接下來讓我們找出自己的星系主印記。計算星系印記時，是以西元出生日期為原則。不知道真實生日的人，直接用身分證上的出生日期計算即可。如果只知道農曆（陰曆）生日，可以參考萬年曆，推算出西元出生日期。

　　接下來以 **2012年12月21日** 為範例計算。

STEP 1　出生年份的數字

從 **年份表**（32頁）找到出生年份對應的數字。

➡ 2012年對照出生年份欄位，可找到數字112。

STEP 2　出生月份的數字

從 **月份表**（33頁）找到出生月份對應的數字。

➡ 12月對照出生月份欄位，可找到數字74。

STEP 3　出生日期的數字

即出生日期。

➡ 生日為21。

STEP 4　算出以上3個數字總和

計算方式＝年份數字＋月份數字＋日期

➡ 112+74+21=207

STEP 5　算出個人 Kin

如果 Step 4 總和數字小於或等於 260，這個總和數字就是個人 Kin。

如果 Step 4 總和數字大於 260，這個總和數字減去 260 就是個人 Kin。

➡ 207 小於 260，個人 Kin 即為 207。

STEP 6　找出星系主印記

◉ 圖騰：在**卓爾金曆**（34頁）中上找出 STEP 5 的個人 Kin，往左查找，即為主印記圖騰。

➡ Kin207 的圖騰為藍手 。

◉ 調性：Kin 數字上方的符號為為調性，參考**調性對照表**（33頁）找出調性。

➡ Kin207 上方的符號為「 ▬ 」，調性為 12 水晶。

◉ 至此我們找到了完整的星系主印記。

➡ Kin207 水晶藍手 。

星系印記說明

◎主印記（Kin）

主印記代表了出生的日子，也是與生俱來的能量頻率。一個Kin代表了一個日子。

每個人都選擇了一個特殊的日期投胎轉世，來到地球。從靈魂的層面來看，我們在出生前的靈魂會議中，已經幫自己選定好這一組出生日期，以此當作我們這一生的密碼（無論自然產或剖腹產，誕生日期早在我們出生前就

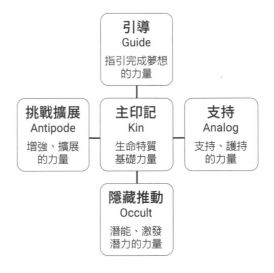

決定了）。這個日子是永遠不會改變的，也會帶來一組天生的特定頻率，這是每個人獨特的先天能量。主印記是生命特質展現出來的基本力量，也是一個人最重要的天賦特質。因此，當你想要「活出自己」時，就代表你要活出「主印記」的力量。

◎支持（Analog）印記

代表你在生活中比較熟悉的特質，就像你的慣用手，是能夠為你的行動加分的，也代表能夠支持你的方式，為你帶來更多轉化與改變的動力。支持印記是在身旁護持著你，替主印記加分，並為生活添加更多生命的能量。有時，我們在合作關係中的夥伴，剛好就是我們的支持力量，這樣的互助合作就會非常美好，能夠帶來改變的可能性。

◎挑戰擴展（Antipode）印記

指的是生活中比較不熟悉、陌生的特質，甚至可能是不擅長的部分，就像你的非慣用手。例如生活裡總是有什麼事情，會讓你特別感到有挑戰

性。但相對的，挑戰擴展的的能量也可以協助我們擴展與打開力量，開展原本局限的自己，這也是協助我們強化自己的關鍵頻率。

◎隱藏推動 (Occult) 印記

位於組合盤下方，就像是潛意識，屬於我們內在隱藏起來的自己，也是等待被我們開發的潛能。有時，我們意識不到自己擁有這個部分，必須透過他人來看見自己的這些特質。當我們能夠認出這個力量時，這就會形成一股向上的推動力，可以協助我們認出並實踐人生更遠大的夢想，把自己隱藏的潛能再次挖掘出來。

◎引導 (Guide) 印記

位於組合盤上方，是指引我們實踐夢想的力量，比較像是「高我」，更高力量的我們。這個力量將會是協助、指引我們完成人生夢想的關鍵。當你需要指引時，可以多運用這個特質來成長出新的高度，彷彿在眼前指出一個更清晰的方向、告訴自己可以怎麼做。一旦我們發揮出這個能量特質，更能完成目標。

═══ 星系印記組合盤 ═══

除了主印記，每人也都擁有自己的星系印記組合盤（五大神諭力量），可以找到引導、挑戰擴展、支持和隱藏推動的力量。主印記就像是火箭的主機，支持與挑戰擴展印記是火箭的雙翼，引導印記是火箭頭，而隱藏推動印記是火箭的燃料。

接下來讓我們來一個一個找出自己的專屬力量，建議運用本書附贈的「星際護照」，在查找的過程中，一邊把每個印記畫下來。

接下來以**主印記Kin207水晶藍手** 為例。

STEP 1　找出支持印記

當我們遇到風暴來襲，被突如其來的暴風雨吹得天搖地動，會感覺到生命非常需要支持。因此，在這樣的頻率裡面，自己的主印記與支持相加就是藍風暴，自己和支持在一起時，生命會出現很大的改變和轉化，促使自己產生新的成長。藍風暴的圖騰序號是19，因此，支持圖騰和主印記圖騰的序號相加必須等於19。

．．

◉調性：與主印記相同
➡主印記的調性為**12水晶**，支持印記也相同。
◉圖騰：主印記的圖騰序號 + 支持印記的圖騰序號 = 19。參考**卓爾金曆**（34頁）的圖騰序號，找出支持印記。（若主印記圖騰為20黃太陽，則視為序號0，其支持圖騰則為19藍風暴。兩個永遠互為支持。）
➡主印記圖騰為**藍手**（序號7），所以支持印記圖騰為19-7=12，即黃人 [icon]。
◉Kin數字
　參照**卓爾金曆**（34頁），以支持印記的調性和圖騰找出Kin數字。
➡支持印記**水晶黃人**的Kin是12。

調性序號 vs 圖騰序號——

在13月亮曆中共有20個圖騰，因此每個圖騰都有各自的序號（參考34頁卓爾金曆的圖騰序號）。而調性則是屬於印記的一部分（一個印記包含調性、圖騰、Kin），共有13個，每種調性也有各自的序號。

在卓爾金曆中則是以Kin數字來標示由調性與圖騰組合起來的印記，所以剛好有13調性×20圖騰＝260個印記。數字在13月亮曆中是很重要的象徵，小心別搞混囉。

STEP 2　找出**挑戰擴展印記**

當我們遇到挑戰擴展，可能會產生不願意面對的心理；然而，一旦願意接受挑戰，它就像是一份禮物，會轉換成為擴展生命的力量。如何面對生命中的挑戰呢？就是利用圖騰序號10的白狗能量：無條件的愛——面對挑戰和擴展的方法只有一個，無條件地接納並愛自己，這份力量才能為自己所用，打開生命更大的可能。

◉調性：與主印記相同

➡主印記的調性為**12水晶**，挑戰擴展印記也相同。

◉圖騰：當主印記的圖騰序號小於10，序號+10=挑戰擴展印記的圖騰；當主印記的圖騰序號大於10，序號-10 = 挑戰擴展印記的圖騰。參考**卓爾金曆**（34頁）的圖騰序號，找出挑戰擴展印記。

➡主印記圖騰為**藍手**（序號7），序號小於10，所以挑戰擴展印記的圖騰為7+10=17，即**紅地球** 。

◉Kin數字

參照**卓爾金曆**（34頁），以挑戰擴展印記的調性和圖騰找出Kin數字。

➡挑戰擴展印記**水晶紅地球**的Kin是77。

STEP 3 找出隱藏推動印記

在組合盤裡，隱藏推動圖騰的力量要透過對角線，以照鏡子的方式尋找（上下顛倒、左右相反）。找出隱藏推動圖騰的方法，是圖騰序號加上主印記圖騰序號，必須等於21。至於調性，在心理邏輯上是這樣的，主印記調性加上隱藏推動調性等於14，因為調性最大只到13，所以調性計算時超過13要減13。

14－13＝1，數字1就是「我」，代表了我這個人、我是誰。調性1是磁性，代表了生命的方向。因此，發掘自己內在有哪些被「隱藏」的特質，最好的方式就是照鏡子，馬上能看到自己的盲點，就能讓「自己」更加完整，並形成推動力，推動「生命方向」的前進。

- ◎調性：主印記調性序號 ＋ 隱藏推動調性序號 ＝ 14。參考**調性對照表**（33頁），找出隱藏推動調性序號。
- ➡主印記的調性為**12水晶**，所以隱藏推動調性為14-12=2，即**2月亮**。
- ◎圖騰：主印記的圖騰序號 ＋ 隱藏推動的圖騰序號 ＝ 21。參考**卓爾金曆**（34頁）的圖騰序號，找出隱藏推動印記。
- ➡主印記圖騰為藍手（序號7），所以隱藏推動印記圖騰為21-7=14，即**白巫師** 。
- ◎Kin數字

  參照**卓爾金曆**（34頁），以隱藏推動印記的調性和圖騰找出Kin數字。
- ➡隱藏推動印記**月亮白巫師**的Kin是54。※

STEP 4 找出引導印記

- ◎調性：與主印記相同
- ➡主印記的調性為**12水晶**，引導印記也相同。
- ◎圖騰：參考**引導圖騰對照表**（33頁），找出引導印記。
- ➡主印記為水晶藍手，對照表後，引導印記圖騰為**藍風暴**。

※ 回到卓爾金曆，你會發現 Kin207 和 Kin54 的相對位置其實剛好位在對角線，直接穿過卓爾金曆正中央（Kin130 與 Kin131 的中間點）斜對角。

◉Kin數字

參照**卓爾金曆**（34頁），以引導印記的調性和圖騰找出Kin數字。

➡引導印記**水晶藍風暴**的Kin是259。

STEP
5 **著色**

找到所有的星系印記以後，就可以試著為圖騰上色。對照卓爾金曆，一一確認Kin的數字並寫上。若是Kin遇到綠格子，可以在該圖騰外圍畫上綠色框線。

STEP
6 **調頻檢查**

◉除了主印記圖騰，上、下、左、右四個圖騰，一定會是紅、白、藍、黃各一。

◉引導圖騰和主印記會是同樣顏色。因為顏色相同，才會有相同的力量能夠引導。

◉上、左、右方的圖騰調性必須一樣，因為頻率相同，才能同頻共振——支持、挑戰擴展、引導一定是同頻率的。只有當主印記的調性為**共振**（序號7），此時的上、下、左、右圖騰的調性就會都跟主印記一樣；當主印記為其他調性，位於下方的隱藏推動調性序號，與主印記調性序號加起來則會等於14，這是照鏡子的反射，雙方反向。

STEP
7 **完美推動四角形**

主印記下方的隱藏推動，是透過照鏡子的反射找出來。卓爾金曆Kin260和Kin1的位置剛好位在斜對角。因此，主印記和完美隱藏推動加起來是261。以湖面倒影為例，在湖面上的自己是上下顛倒，左右相反，這就是斜對角的概念，也就是完美隱藏推動的力量。

隱藏推動指的是內在隱藏版的自己。我們在生活中看到的都是外界，很少往下、往內看見自己，只有在照鏡子時，才會知道原來自己是長這樣。

所以，隱藏推動指的也可能是我們平常沒有注意到、沒有特別展現，但可以透過鏡子看見的自己——或許是有盲點的自己，或許是沒有留意，但能透過鏡子發現的自己。

你和隱藏版的自己就像站在鏡子兩端的人。如果你和好朋友是互為隱藏推動，你看到的他，就是他展現出來的你的內在，兩個人就像照鏡子一樣，互相呈現，讓對方看見自己可能還沒有意識到、注意到的部分。

若是當你在生活中遇見隱藏版的自己，不妨特別觀察對方展現出了哪些你從未意識到的自己。你可能會覺得自己與對方很相像，或是很不喜歡對方的某些特質，而對方剛好藉著這個機會向你展現。這並不代表你討厭他，而是讓你覺察到你討厭內在那個沒有辦法接受的自己，是內在比較私人、內我的部分。

認識了隱藏推動的力量，能夠讓你更清晰地知道，哪些能量會是你生命中很重要的燃料、動能，哪些是指引並推動你的力量，也像是火箭升空的推動力，只是常在生活中被忽略。

練習：如何尋找完美推動四角形——

首先，若是把卓爾金曆的正中央做「十字對切」，260個Kin的正中央位於Kin130與Kin131中間，即為中心點，會被切分成四個區塊。四個區塊各有一個代表的Kin，連起來就變成一個四方矩形。舉例來說，如果主印記是Kin1，它的完美隱藏推動就是穿過卓爾金曆中心點，循著斜對角可以找到的Kin260；如果是Kin241，完美隱藏推動就是Kin20，依此類推。這就像是一間房子，必須要有四根柱子才是最穩定的結構，完美推動四角形很適合協助我們找到合作夥伴，

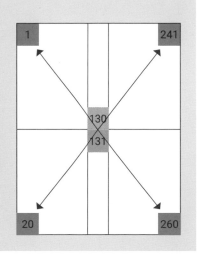

如果你是Kin1，會找到完美隱藏推動是Kin260，另外兩個也是完美推動的印記，即Kin20和Kin241（可以用卓爾金曆的綠格子作爲座標）。但也有特殊狀況，如果你的主印記位於中柱，中柱只會有完美隱藏推動，那是因爲中柱的能量特別強大，本身就有雙倍的動能。除了中柱，其他位置都可以找到完美推動四角形，而中柱只會有一上一下（僅有上下顛倒的部分）。

STEP 8　力量動物

在13月亮曆當中，每一個調性都有其頻率所對應的力量動物，認識自己主要的力量動物，不僅能學習力量動物的生命智慧，更能協助我們了解自己、了解每一個人不同的頻率特性，活出本然的天賦。以主印記的調性爲主，找到對應的力量動物。

➡主印記爲**水晶藍手**，水晶的力量動物就是「兔子」。

➡調性與力量動物完整介紹請見第4章。

STEP 9　女神力量

把星系印記組合盤上下左右中的五個Kin加總起來，便是女神力量，也就是所謂五合一的力量。加總數字若超過260，則減去260或其倍數並參照**卓爾金曆**（34頁），就是女神力量。你會發現，女神力量的圖騰就是引導的挑戰擴展。

➡Kin207水晶藍手組合盤的各個Kin分別爲：主印記Kin207、支持Kin12、挑戰擴展Kin77、隱藏推動Kin54、引導Kin259。

207+12+77+54+259=609，減去260的倍數，即得到Kin89

參照**卓爾金曆**（34頁），女神力量爲Kin89光譜紅月 。

➡女神力量完整介紹請到161頁。

時間區段：生活實踐

◎ 當日能量

在前面的文章裡，我們已經知道星系印記在五個位置各會代表不同的意義，若把印記放到每天的日子來觀察，當日印記的能量會有其時間區塊順序（上、下、左、右四個位置，皆有固定的時間順序規則）。

若依照Hunab Ku（35頁）的東、北、西、南四個方位逆時針前進，把一天分成四個時間區段，每天午夜開始，從午夜到日出，對應

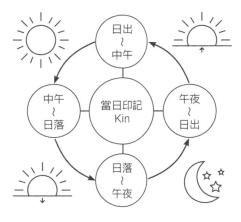

星系印記時間說明圖

到每天東方位置的印記。日出後到正中午，對應到北方位置的印記。中午開始到日落前，對應到西方位置的印記。日落後到午夜，對應到南方位置的印記。

可以運用印記對照的概念，選擇哪一個時段要做什麼事情，例如下午是白風圖騰，若當天要進行協商溝通，我會建議把會面時間定在下午，因為下午的白風具有溝通表達的能量，有助於把話講得特別清楚。

◎ 出生時段

在我們找到自己出生的星系印記後，如果知道自己的出生時間「位於哪一個時間區段」，就能對應到自己星系印記中的圖騰印記。例如，在凌晨1點出生，就是對應到東方位置的圖騰印記。試著感受這個圖騰對自己的影響是什麼？

年份表

出生年份	數字	出生年份	數字
2117、2065、2013、1961、1909	217	2091、2039、1987、1935、1883	87
2116、2064、2012、1960、1908	112	2090、2038、1986、1934、1882	242
2115、2063、2011、1959、1907	7	2089、2037、1985、1933、1881	137
2114、2062、2010、1958、1906	162	2088、2036、1984、1932、1880	32
2113、2061、2009、1957、1905	57	2087、2035、1983、1931、1879	187
2112、2060、2008、1956、1904	212	2086、2034、1982、1930、1878	82
2111、2059、2007、1955、1903	107	2085、2033、1981、1929、1877	237
2110、2058、2006、1954、1902	2	2084、2032、1980、1928、1876	132
2109、2057、2005、1953、1901	157	2083、2031、1979、1927、1875	27
2108、2056、2004、1952、1900	52	2082、2030、1978、1926、1874	182
2107、2055、2003、1951、1899	207	2081、2029、1977、1925、1873	77
2106、2054、2002、1950、1898	102	2080、2028、1976、1924、1872	232
2105、2053、2001、1949、1897	257	2079、2027、1975、1923、1871	127
2104、2052、2000、1948、1896	152	2078、2026、1974、1922、1870	22
2103、2051、1999、1947、1895	47	2077、2025、1973、1921、1869	177
2102、2050、1998、1946、1894	202	2076、2024、1972、1920、1868	72
2101、2049、1997、1945、1893	97	2075、2023、1971、1919、1867	227
2100、2048、1996、1944、1892	252	2074、2022、1970、1918、1866	122
2099、2047、1995、1943、1891	147	2073、2021、1969、1917、1865	17
2098、2046、1994、1942、1890	42	2072、2020、1968、1916、1864	172
2097、2045、1993、1941、1889	197	2071、2019、1967、1915、1863	67
2096、2044、1992、1940、1888	92	2070、2018、1966、1914、1862	222
2095、2043、1991、1939、1887	247	2069、2017、1965、1913、1861	117
2094、2042、1990、1938、1886	142	2068、2016、1964、1912、1860	12
2093、2041、1989、1937、1885	37	2067、2015、1963、1911、1859	167
2092、2040、1988、1936、1884	192	2066、2014、1962、1910、1858	62

月份表

出生月份	數字
1月	0
2月	31
3月	59
4月	90
5月	120
6月	151
7月	181
8月	212
9月	243
10月	13
11月	44
12月	74

調性對照表

數字	符號	調性
1	•	磁性
2	••	月亮
3	•••	電力
4	••••	自我存在
5	—	超頻
6	•̠	韻律
7	••̠	共振
8	•••̠	銀河星系
9	••••̠	太陽
10	＝	行星
11	•̿	光譜
12	••̿	水晶
13	•••̿	宇宙

引導圖騰對照表

圖騰	調性				
	•̠	••̠	•••̠	••••̠	＝

卓爾金曆

序	名稱													
1	紅龍	1	21	41	61	81	101	121	141	161	181	201	221	241
2	白風	2	22	42	62	82	102	122	142	162	182	202	222	242
3	藍夜	3	23	43	63	83	103	123	143	163	183	203	223	243
4	黃種子	4	24	44	64	84	104	124	144	164	184	204	224	244
5	紅蛇	5	25	45	65	85	105	125	145	165	185	205	225	245
6	白世界橋	6	26	46	66	86	106	126	146	166	186	206	226	246
7	藍手	7	27	47	67	87	107	127	147	167	187	207	227	247
8	黃星星	8	28	48	68	88	108	128	148	168	188	208	228	248
9	紅月	9	29	49	69	89	109	129	149	169	189	209	229	249
10	白狗	10	30	50	70	90	110	130	150	170	190	210	230	250
11	藍猴	11	31	51	71	91	111	131	151	171	191	211	231	251
12	黃人	12	32	52	72	92	112	132	152	172	192	212	232	252
13	紅天行者	13	33	53	73	93	113	133	153	173	193	213	233	253
14	白巫師	14	34	54	74	94	114	134	154	174	194	214	234	254
15	藍鷹	15	35	55	75	95	115	135	155	175	195	215	235	255
16	黃戰士	16	36	56	76	96	116	136	156	176	196	216	236	256
17	紅地球	17	37	57	77	97	117	137	157	177	197	217	237	257
18	白鏡	18	38	58	78	98	118	138	158	178	198	218	238	258
19	藍風暴	19	39	59	79	99	119	139	159	179	199	219	239	259
20	黃太陽	20	40	60	80	100	120	140	160	180	200	220	240	260

第 **3** 章
顏色與圖騰

顏色

◎ Hunab Ku

The term Hunab Ku, usually translated as One giver of Movement and Measure; It is the principle of life beyond the Sun. This phrase combines Mayan and Tibetan language as chanted.

——荷西・阿圭勒斯

Hunab Ku

　　以上這段話，出自於13月亮曆法的祖師爺荷西博士。Hunab Ku，中文譯為「胡娜庫」，是馬雅曆法—曼陀羅的圖騰，也是這套曆法最重要的圖騰，代表了「宇宙的源頭」，也是宇宙間衡量與移動唯一的給予者，能夠直接連結到宇宙能量的源頭與核心。這個詞能連結數字0、空性的法則。代表一切歸零，回到源頭與空，而空也代表一切。Hunab Ku 分成三個音節，各自代表三個不同的訊息。

Hu：Oneness，合一之意，母親與父親的能量合而為一，我們內在陰性與陽性能量合一。

Nab：Movement and Measure，測量的方式、移動的方式，或是法則。

Ku：God、Lord，神、神性或神性的道路。這並非意味著我們要成為神，

35

因為神就在我們的內在，我們本身就是神性能量的中心。

宇宙的法則即是神性的道路，就是讓自己合而為一，讓自己能夠把陰性與陽性能量合而為一。Hunab Ku協助我們直接連結宇宙最源頭的力量，當我們開始彩繪Hunab Ku的時候，其實就會開啟和宇宙源頭的能量連結。特別是遇到宇宙綠格的日子，Hunab Ku釋放出的訊息，將傳遞到銀河系、太陽系，一路傳至地球，能量非常強大。你還可以把心願寫在Hunab Ku旁邊，向宇宙下訂單！

◎ 著色方法

彩繪Hunab Ku是「調頻過程」很重要的部分。著色時，可以使用彩色鉛筆。從紅色開始，依照固定順序塗繪紅色、白色、藍色、黃色，最後是綠色，近似螺旋狀，從外往內捲進去。

當我們一邊著色，一邊連結宇宙能量頻率的同時，記得輕輕吸氣與吐氣。裡面的點點也要畫，顏色同樣是紅、白、藍、黃，可以在拿著該色筆時先塗內圈的點點。

➡著色順序：紅、白、藍、黃、綠（逆時針：東、北、西、南、中）。

➡可搭配《彩繪靜心胡娜庫許願本》

◎ 顏色的代表

紅色 代表東方，掌管火元素，也是啟動、開始的力量。

如果你的圖騰是紅色，代表你的開創性以及啟動與開始的力量非常重要，而且自身就具備了這樣的頻率，所以在生命裡常常扮演開創者與先鋒的角色，走在前方開拓或完成。紅色是你的幸運色。

白色 代表北方，掌管風元素，代表淨化、單純的能量。

如果你的圖騰是白色，代表你特別能把複雜的事情簡化，尤其擁有淨化人心的力量。我們在日常生活也會以白色代表能量單純、潔白無瑕的意義。關於淨化的方法，可以特別使用聖木、線香，也可在聖壇上擺放羽毛類飾品。

藍色 代表西方，對應的是水元素，也代表蛻變與轉化的能量。

如果你的圖騰是藍色，代表你的天賦正是轉化能力，能夠帶來改變、調整，具有變化的彈性、靈活的特質。如果家中擺設聖壇，可以將水、精油等液態物品放在聖壇西方的位置。

黃色 代表南方，掌管了土元素。代表收穫、結果的能量，與種子及土地裡長出來的東西有關。

如果你的圖騰是黃色，會特別具備收穫、收成與分享成果的能量。如果家中有擺放聖壇，可在南方的位置放豆子、穀物，也有人喜歡放水晶，因為水晶源自地球、土元素。

綠色 代表中央，直接對應宇宙的中心，中央處有一個螺旋，而螺旋代表靈性的陰性能量，代表地球母親的心臟、心輪、地球媽媽的子宮。卓爾金曆中就有些綠格子，代表的是銀河啟動之門，與Hunab Ku的力量擁有特別連結。所以，除了平日靜心彩繪之外，我們更會在綠格子的日子彩繪Hunab Ku，此時很適合許願，向宇宙下訂單。當我們開始和宇宙的能量緊密連結時，Hunab Ku就會釋放大量的訊息，因為此時地球母親的通道跟閘門是完全敞開的。

許多人會發現，著色Hunab Ku的動作看似平凡，但是在著色過程中，其實能夠釋放許多不愉快，讓自己感到平靜。畫完Hunab Ku，壓力也將隨之消散。在著色的過程裡，要將心思意念慢慢沉澱下來，同時也能在Hunab Ku的空白處寫下想做的事情，接下來的運行會很容易心想事成。

宇宙綠格：銀河啟動之門──

卓爾金曆裡頭一共有52個綠色格子，遇到綠格子時，便代表了宇宙能量開啟的日子。銀河門戶（GAP，又稱銀河啟動之門）打開的日子，也就是綠格子那一天，會有來自Hunab Ku釋放出直接對頻的訊息，從宇宙源頭Hunab Ku釋放出電波，傳遞到銀河系、太陽系、太陽，再一路傳到地球，宇宙和地球的網格（grid）閘門會完全敞開，讓我們能夠直接收到精準的宇宙頻率。因此，綠格子的日子很適合靜心，畫Hunab Ku，直接與宇宙的能量對頻。

我們又將綠格子稱為「宇宙綠格」。綠色代表宇宙，Hunab Ku的中間正好是綠色。因此，綠色在13月亮曆的象徵意涵很重要，綠色也正好對應脈輪裡的心輪，所以綠格子也等於地球對應心輪的頻率。

圖騰

　　20個圖騰，代表的是20個人生會經歷到的學習主題，你個人的主印記代表了此生最重要的力量，每一個圖騰都會對應到一個星際原型。

　　星際原型不同於我們一般心理學所講的原型，這是全新的力量。在日常的生活中，一天走一個Kin，因此每天都會更新一個圖騰，每隔20天喚醒一次，是我們跨次元進入多次元的門戶，跨越幻象，藉由這20個星際原型，帶領我們重新去認識自己意識的多次元層次。

　　圖騰的順序，依照「紅、白、藍、黃」排列，共有5組。以下則是用小組的分類方式，來介紹五組的能量運作特色。

1、意識的啓蒙小組：從源頭處輸入生命訊息（Input Inform）

　　　紅龍 Red Dragon：從生命源頭輸入支持與滋養

　　　白風 White Wind：從心靈意識輸入想法與信念

　　　藍夜 Blue Night：從夢境中輸入直覺與夢想的潛意識訊息

　　　黃種子 Yellow Seed：從意識源頭輸入種子的啟蒙力量

2、能量的連接小組：從感知去喚醒儲存的記憶（Store Remember）

　　　紅蛇 Red Serpent：以身體感知來連接世界

　　　白世界橋 White Worldbridger：以自身成為管道來連接生命

　　　藍手 Blue Hand：以雙手當成連接器並實踐

　　　黃星星 Yellow Star：以靈感來連接世界並創造

3、理解自我生命小組：在歷程脈絡中建構認知（Process Formulate）

紅月 Red Moon：從感受的歷程中理解自己

白狗 White Dog：在愛的歷程中接納自己

藍猴 Blue Monkey：在看見萬事萬物歷程中認識生命真相

黃人 Yellow Human：在生命歷程中建構屬於自己的自由

4、靜心觀照並採取行動小組：從表達輸出中傳遞力量（Output Express）

紅天行者 Red Skywalker：在移動與探索中展現生命

白巫師 White Wizard：在靜心與覺知中展現力量

藍鷹 Blue Eagle：在觀察與行動中表達創造力

黃戰士 Yellow Warrior：在提問與理解中展現無懼

5、返回生命本質小組：在宇宙母體中自我調解（Matrix Self-Regulate）

紅地球 Red Earth：依循共時來導航發展方向，返回自然航道

白鏡子 White Mirror：生命的本質，所有都是內心向外的映照

藍風暴 Blue Storm：自然運生的改變力量，校準生命本質

黃太陽 Yellow Sun：在宇宙的中心，以生命鍛鍊開展覺醒之光

◎ **圖騰學習架構**

在每個圖騰的第一頁，以提綱挈領的綜觀概覽，介紹該圖騰的整體概念。

首先是「關鍵力量」，包含了：

● 擅長領域：指出適合發揮與探索的領域，包括適合學習的主題。

● 適合職業與方向：指出優勢資源與強項特質，包括適合擔任的工作角色。

● 關鍵力量，對這個圖騰及這個圖騰帶領的波符都適用。

● 只要任何印記是這個「圖騰」的，都適用。

◉只要任何印記落在這個「波符」的，都適用。

　　同時，也說明了每個圖騰對應的三個「能力關鍵字」的概念，以及「課題」。

　　進入內文後，則是更細緻的介紹：

◉說明每個圖騰的本質、課題及小提醒、日子當天會發生什麼共時事件。

◉該圖騰人的「可愛清單」，也就是該圖騰比較容易展現出來的行為模式、可愛樣貌。

◉「如何打動他們的心」，與此圖騰相處的小撇步、什麼行動能擄獲他們的心。

◉還詳細探討該圖騰的五大神諭力量，也就是整個組合盤的力量介紹。

　　這些詳細介紹，讓我們能在日常生活練習運用正確能量，這就是「調頻」與「校準」，當我們越來越能應用、且發揮這些特質，與該圖騰有更深的連結時，對自己「活出開展的力量」有很大的幫助。

　　另外，在每個圖騰的最後，還有調頻靜心的引導詞，教你如何運用與實踐：

◉有兩種圖騰的選擇：一是跟著13月亮曆，每天都有主圖騰，可以安排一個安靜的時刻，來進行專屬圖騰的靜心，可以自己做每日練習，也很適合帶著他人一起進行。二是選擇自己星系印記的主圖騰，每次靜心時只做自己主印記的練習，這樣也很好，為自己的能量充電。

◉可以搭配自己喜歡的輕音樂，讓靜心帶領你做調頻，這是非常重要且關鍵的練習過程，讓我們把概念與身體結合，透過呼吸與內在對話，融入身體細胞裡，讓自己整合起來。

◉當你想要做靜心時，找個安靜的地方坐下來，輕輕閉上眼睛，做個深呼吸，跟著步驟進行。也可以輕鬆拉高頻率，再次回到身心能量平衡的狀態。

◉靜心時間非常有彈性，可長可短。結束後，可以把任何收到的感受寫下來或畫下來。

紅龍
Red Dragon

我是原動力（Primal Force）、古老智慧（Hold the power of memory），1 是我的數字，紅色的龍是我的圖騰，我與集體潛意識的能量、**家族力量**及回憶相連。我能好好滋養自己、我能孕育出萬物，認出**古老智慧**與我的連結，帶起**開創**的誕生力量。

────── 關鍵力量 ──────

古老智慧

◉擅長領域：神祕學、古文明系統、未知的或更高層的世界、星際頻率、古老智慧、老祖宗的教導傳承（例如氣功、茶道、中醫）
◉適合職業與方向：知識的記錄傳遞與保存者、研究員、收藏者、歷史學

家族力量

◉擅長領域：原生家庭主題、家族系統療癒
◉適合職業與方向：守護家族資源的人、家族治療師、拍攝生命紀錄片

開創

◉擅長領域：所有還沒接觸過的事情、創新的領域
◉適合職業與方向：研發部門、開始新事物的人、拓荒者、帶頭的人、開拓新店面的人

課題──將過去記憶與影響轉化為資源，將家庭的壓力轉化為動力，將開創後的事物持續穩定發展。

能力關鍵字──◉**滋養 Nurtures**：找到滋養自己的力量，從過去經驗而來，或從宇宙源頭而來的滋養。◉**存在 Being**：知道自己從何而來，看見因著過去的業力與記憶才有此刻自己的存在。◉**誕生 Birth**：新的開始、創造新的事物、新的點子與想法。

◎ 本質 ◎

　　紅龍是卓爾金曆上的第一個圖騰，對應馬雅的星際原型是「原動力」。「1」是它的數字（序號），也是我們生命中第一個要學習的主題：滋養。

　　數字1也代表了起源，指的是生命的源頭、誕生與創造。對圖騰為紅龍的人來說，家庭、根源是很重要的概念，往往會被紅龍人視為最重要的事情。

　　紅龍人與家庭的緣分是很深的，這可分為兩種層面來解讀：一是家人非常支持他，能夠給予很多的溫暖力量；另一個則是家人給予的愛過於濃烈，反而會有拘束牽絆的限制，讓紅龍人感到窒息以及被綑綁。

　　由於與家庭連結的能量非常強，因此紅龍人也適合學習（或從事）家族治療及家庭心理學的相關領域，協助自己與人們探索生命根源對自己的影響。

　　在人格特質方面，紅龍人很適合在群體裡擔任開創、帶頭或發起的人，常能為大家提供想法。在相關印記裡擁有紅龍能量的人，通常也容易對古老智慧、古文明或神祕的領域產生興趣，例如古董、塔羅、馬雅文明、埃及文物等等。

◎ 課題與小提醒 ◎

遇到的生命課題可以分成兩個層面：一是關於持續力、續航力，學習如何在開創事物之後，讓能量持續穩定，並且可以找一個信任的夥伴，讓你可以交棒給他人，在穩定中繼續發展，最後讓任務圓滿收尾。

第二個層面則是關於家庭，如前面所述，家庭會帶來影響力量，無論在原生家庭或婚姻中，都要學習如何轉化來自家庭的困境與壓力，變成支持與滋養自己的力量，獲得超越現狀的動力，讓生命更上一層樓。

◎ 紅龍的日子 ◎

在紅龍的日子，有機會遇到老同學、舊情人、老朋友或很久不見的人。也可能會在紅龍的日子回憶起生命過往的故事、經驗，然後試著回溯、整理過去，也可能會特別想跟老朋友聯絡。這些都是紅龍日子可能會發生的共時現象。

另外，紅龍的日子也特別適合家族聚會，這是連結家族能量很重要的頻率。

紅龍日調頻與擇日的好方法有二：第一是擇日時，特別適合選在這天分享或連結古老智慧，也適合安排家族聚會，這在家族能量連結上是很重要的頻率。

第二是鼓勵大家找到最能滋養自己的方法，不妨在這一天問問自己：做什麼事情最能滋養自己呢？當我們做出滋養自己的行動時，就能再次與大宇宙的頻率對接。

◎ 紅龍的可愛清單 ◎

· 喜歡收集破銅爛鐵，逛古董市集、愛好老東西、聽老歌。
· 愛好研究歷史、參觀古物與博物館。
· 喜歡具有文化背景的物品。
· 喜歡回憶往事、沉浸在過去，超級念舊。
· 願意為家人付出、關心每個家人。
· 喜歡家庭聚會，一個都不能少。
· 會一直想要Open，各種的開始。打開各種食物，但都吃一半。
· 不小心開太多條線，開太多外掛項目。

◎ 如何打動紅龍的心 ◎

- 送紅龍有歷史文化、古早味、復刻版的物品。
- 深信「緣份」觀點（例：靈魂只為了等待這五百年的相遇）。
- 帶紅龍去見家人或跟家人一起聚餐，或參與他的家庭聚會活動，愛烏及烏。
- 對紅龍說：「你在家中真的好重要（肯定他對家庭的付出）。」
- 跟紅龍說：「我想要跟你成為一家人。」
- 讚賞紅龍的開創性、支持他追求新的嘗試。
- 讓紅龍知道：「無論你開了多少包的食物，我都會幫忙收尾（吃完）。」

◎ 紅龍的組合盤 ◎

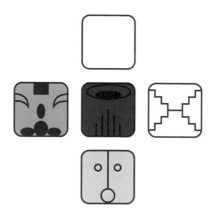

◆ 紅龍與白鏡互為支持

白鏡能協助紅龍看清自己的盲點，擁有洞察真相的能力，練習「覺察反觀自我」，也就是回過頭來看看自己，是否因為內在狀態發生了什麼，便向外投射，導致這些現象的發生呢？

同時，白鏡能夠幫助紅龍看清楚生命中的回憶與家庭的因素，究竟是如何影響自己，進而找到調整自己、擺脫舊有制約的動力。紅龍也可以經常練習零極限的清理，運用「對不起」、「請原諒我」、「謝謝你」、「我愛你」這四句話，釋放舊有力量與家庭制約。(可搭配參考「白鏡」組合盤支持的內容)

◆ 紅龍與藍猴互為挑戰擴展

藍猴能幫忙紅龍更加擴展自己的能量，挑戰那個不熟悉的自己。藍猴也會在協助紅龍看穿清楚幻象的過程中，設下挑戰的題目。藍猴督促紅龍看見自己，到底有什麼事情是太過認真，太過嚴肅。透過幽默有趣的力量，協助紅龍開展生命中更多的可能，更放鬆的去看待一切生命經驗。因此，紅龍最終會明白，家庭與過往事件帶給自己的，並非限制，而且能夠看清楚那個最

根源的本質就是「愛」。當我們明白這是「愛的真相」時，就能從挑戰進入擴展，擴展我們愛的智慧與理解。(可搭配參考「藍猴」組合盤挑戰擴展的內容)

◆ 紅龍與黃太陽互爲隱藏推動

黃太陽是紅龍的隱藏能量，與覺醒、開悟、發散生命的光與熱有關。因此紅龍有個隱藏的潛能，就是很想分享在這些生命歷程中所鍛鍊出的智慧，以及用生活中的經驗，去照顧並溫暖更多人。紅龍展現開創的力量，並透過黃太陽能量綻放光芒，讓自己成為發光發熱、溫暖的太陽，滋養自己，也滋養他人。在外在表現上，主要的人格展現通常都來自於主印記圖騰，因此紅龍會呈現較獨立的特質，但事實上，撇開紅龍獨立開創的內在，他的內心是個非常溫暖的人。(可搭配參考「黃太陽」組合盤隱藏推動的內容)

◆ 紅龍的引導

1點家族： 1點家族的紅龍擁有雙倍力量，專注活出主印記圖騰的力量，就能找到夢想引導的方向，而內心自有引領自我的答案。透過與他人討論分享、激盪靈感，將更清晰地了解內心的聲音與答案、更明白將要前進的方向。

2點家族： 引導是紅天行者，協助紅龍朝著實踐夢想的道路，因為紅天行者帶著好奇心的能量，因而指引紅龍在生活中學習、探索與冒險，特別喜歡去古文明聖地，喜歡靜心冥想。

3點家族： 引導是紅蛇，協助紅龍學習找到身體的活力熱情、專注，包括全然的投入、蛻變，打破原本的制度。鼓勵從事身體的鍛鍊，例如瑜伽、舞蹈等等。

4點家族： 引導是紅地球，要紅龍學習順流與臣服。特別重視旅行，可以多前往自然環境，獲得引導的能量與啟發，也特別愛用天然的生活物品，舉凡食物、水晶礦石等等，都能夠帶來指引的力量。

橫線家族： 超頻紅龍或行星紅龍的引導是紅月，特別適合擔任療癒師，因為紅月的天賦與情緒連結特別緊密，能夠理解別人的心情，都是適合成為療癒師的天賦特質。

▒▒ 紅龍的圖騰靜心引導詞 ▒▒

1. 將眼睛輕輕地閉起來，慢慢吸氣、吐氣，做幾個深呼吸。

2. 把注意力放在右手食指（紅龍的關節點）。

3. 持續吐氣，試著讓內在浮現紅龍的圖騰，讓能量跟隨著意念，感受龍的頻率、能量。你可能會真的看見龍的形象，不妨觀察龍是什麼顏色？觀察龍的樣貌，此刻出現的龍是哪一種元素？風的龍、火的龍、水的龍，還是土的龍？是安靜的龍嗎？還是活潑的龍？

4. 感覺身體每個部位與七個脈輪，感覺一下紅龍的能量此刻位於身體的哪一個部位，慢慢地把呼吸跟注意力放在這個部位，或相對應的脈輪，同時問自己：「此時此刻的生命裡，我想要用什麼樣的能量來滋養自己呢？」（停留一些時間去感受）完成後，謝謝今天來到我們畫面中的龍，先邀請龍離開：「謝謝你今天來到這裡支持我。」

5. 再次慢慢吐氣，讓後腦勺和背部同時放鬆，再次吸氣、吐氣，做一個完整的深呼吸，把意識帶回身體，慢慢張開眼睛，把自己完整的帶回來。

靜心祈禱文線上聽 _____

Communicating my breath of spirit.

SEAL **2**

白風
White Wind

我是女祭司（High Priestess），2是我的數字，白色的風是我的力量。生命本身就是**呼吸**，讓生命力充滿全身。我是預言的持有者，每個念頭，都是靈性的**傳遞**，每個敘說，都直指你那內在**靈性**本質。

關鍵力量

傳遞	呼吸	心靈
◉擅長領域：清晰的述說與聆聽、人際溝通模式、社交與說話技巧 ◉適合職業與方向：訊息溝通傳遞者、公關或發言人	◉擅長領域：呼吸課程、歌唱課、音樂療癒、發聲練習、食物與品味 ◉適合職業與方向：美食家、賞味評論員、茶道、品香、品酒師	◉擅長領域：文字、書寫、抒發心情 ◉適合職業與方向：教學者、演講者、作家、文字影像記錄者、激勵人心之人

課題——覺察與自己對話的語言模式、與他人溝通的說話表達方式，給自己正向肯定、真實表達感受。

能力關鍵字——◉**傳遞 Communicates**：透過文字、語言、音樂、美食等各種方式來溝通傳遞資訊。◉**呼吸 Breath**：覺察呼吸的氣流、身體呼吸系統的照顧。念頭就像風一樣，話語一出，就能傳遞到千里遠。◉**心靈 Spirit**：思想與溝通，是精神領域與心靈力量的掌管者。

◎ 本質 ◎

白風是卓爾金曆上的第二個圖騰，對應馬雅的星際原型是「女祭司」。「2」是它的數字（序號），也是我們生命中要學習的第二個主題：溝通。

共時呼應了塔羅的2號主牌「女祭司」，因此白風人可被比擬成預言傳遞的管道，也代表了心靈與精神層面。白風人的每一個念頭及語言，都是靈性的傳遞，容易說出口就成真。

而白風圖騰看來就像一張可愛的嘴巴，因而掌管了呼吸與呼吸道，只要透過呼吸，便能讓生命力充滿全身。

若從對應的內在層面來看，白風人可以常觀察自己如何跟自己對話，如何與他人對話，內在是如何對話的？比較多讚美，還是批評？開始練習正向肯定句，傳遞內在真正的意念與感受，心口一致，這是白風很重要的練習。

白風人是吃貨，愛美食也重視飲食。有的白風也很愛講話、非常健談。

白風人的天賦是擅長溝通、表達想法，且對於靈性的領域與知識都非常感興趣。當白風人在物質生活達到一定基礎後，就會往精神心靈

方面去探索。在相關印記裡擁有白風能量的人，可以朝向講師、發言人、寫手或作家等方向發展。

◎ 課題與小提醒 ◎

白風會遇到的課題有兩個，第一個是學習「表達內心的想法」，釋放關於表達的恐懼，停止對自己的批判（當然也要停止對他人的批判），別因為太過於在乎別人的想法而不敢表達。

第二是前面提到的，練習「善意的語言」。因為白風人說話或傳遞出的意念容易成真，所以首先要停止批判自己、不再給予自己負面的評價，可以常常給自己與他人正向的肯定句，這些話語會像充滿力量的精神食糧，也可以運用正向肯定句的牌卡（例如熊讚卡）與書籍等工具，是非常有幫助的。

◎ 白風的日子 ◎

在白風的日子裡，可能會有以下幾種共時的現象：呼吸道容易不舒服，所以記得要照顧好自己；也可能會有享受美食的邀約，或者出現能好好把話聊開的機會。

在這個日子裡，有四個調頻與擇日的好方法：第一是找人聊天或溝通事情，抒發與表達情感；第二是做呼吸練習；三是書寫，透過寫下文字和訊息，告訴別人自己心裡的想法，或是愛的表白，或是任何想要感謝的內容；第四是若要教授或分享課程，也很適合選擇白風日，讓自己的溝通、表達與傳遞的能量管道通暢。

白風的可愛清單

- 喜歡說話、愛唱歌、愛聽音樂。
- 呼吸道需要多照顧，天氣變化就過敏發作。
- 吃不對東西就出事、過敏發作。
- 有很多美食口袋名單。
- 歪掉時會容易嘴賤，或者說空話。
- 喜歡滔滔不絕表達自己的想法。
- 很相信靈性的高層次力量。

◎ 如何打動白風的心 ◎

- 約白風吃飯聊天。
- 跟白風一邊吃好料一邊談生意比較容易成功。
- 送白風喜歡的食物。
- 給予白風真誠且具體的讚美。
- 送白風靈性商品,例如魔法油、鼠尾草之類的淨化小物。
- 送白風開運小禮物,例如御守、金幣、平安符、念珠、水晶。

◎ 白風的組合盤 ◎

◆ 白風與紅地球互為支持

紅地球的能量是很落實、接地的,而白風比較精神性,紅地球可以協助白風落實精神性的能量。落實以後,白風能藉由紅地球的順流能量,幫自己所要傳遞的訊息做更好的整合。

藉由探索各種好玩的人事物,讓白風能繼續玩耍、傳遞並分享想法,不妨到世界各地旅行、教學分享、與人溝通,也或許可以在跨國公司擔任公關。(可搭配參考「紅地球」組合盤支持的內容)

◆ 白風與黃人互為挑戰擴展

黃人可以協助白風擴展能量,挑戰不熟悉的自己。黃人的能量是自由的頻率,能協助白風的擴展,自由地發揮內在靈性、心靈潛能,也是協助白風把內在訊息傳遞出來的力量。雖然能夠自由地說話,但黃人也會要白風能夠為自己所說的話負起責任。

同樣,言論的自由表達、思考如何解決問題、自由解放、特立獨行的作風等等,都能擴展白風的力量。(可搭配參考「黃人」組合盤挑戰擴展的內容)

◆ 白風與藍風暴互為隱藏推動

白風有時會害怕改變,就像改變根深蒂固的想法與信念那般不太容易,因此,藍風暴擁有的轉化能量,能讓白風推動內在的改變與

成長。主印記和隱藏推動是一體兩面，最重要的是要表達與思考這樣的改變會為生命帶來什麼樣的前進和成長。望向自己的內心，問問自己，現在是需要改變的時刻嗎？

白風主要是說的能量，透過藍風暴的推動力，讓話語一旦由自己的口中說出，就形成能量的顯化和變動，這是白風特殊的潛能。(可搭配參考「藍風暴」組合盤隱藏推動的內容)

◆ **白風圖騰的引導**

1點家族：1點家族的白風，在精神層面具有雙倍的力量，也能專注活出主印記圖騰的力量。透過與人討論分享、激盪靈感，會更清楚內心的聲音與答案，更明白將要前進的方向。

2點家族：引導是白巫師，讓意念顯化成真的能量非常強大。巫師的天賦會引領白風朝著實踐夢想的道路前進，可以與神祕學、魔法課程、能量頻率等領域多多連結。

3點家族：引導是白世界橋，白風加上白世界橋，讓溝通協調成為強項，可以運用在工作分配、擔任協調者、安排各項事務上。白世界橋也擁有放下執著的能量，提醒自己不要執著，才能以更好的方式服務他人。

4點家族：引導是白鏡，說話特別能說到人的心坎裡，也因為是白鏡，天生就帶有放大鏡，能夠看得更清晰，更能洞察人性。當然，還需要關照自己的內心，因為當一切都來到面前，白鏡會協助我們看得清楚，更能清楚認識自己是誰。

橫線家族：引導是白狗，也是特別有愛的白風，能讓身邊的人感受到溫暖。透過愛自己、忠於自己，並誠實面對自己的心，能夠引領我們朝向生命中更大的可能性與更高維度的自己前進。

▒ 白風的圖騰靜心引導詞 ▒

1. 把注意力放在右手中指，用大拇指輕輕碰一下中指（大拇指是太陽，太陽可以支持所有的圖騰）。

2. 先從嘴巴慢慢吐氣，然後慢慢從鼻子吸氣，讓氣進入鼻腔、胸腔，再到達腹部，最後透過嘴巴，把氣吐出來。

3. 觀察頭頂沿著脊椎保持一直線，肩膀與背部同時放鬆。感受外界有一陣清涼的風從身上吹過，白色的能量能帶來淨化，讓生活裡的事物變得更單純、純淨。

4. 白色有放下、清理的能量，透過吐氣，再次清理與釋放所有內在的恐懼。現在，從你的心去感受，直覺地出現在內在視覺心像的人（等待畫面浮現出來），看著這個人，你想跟他說什麼呢？（留一些時間讓彼此對話。）

5. 接下來，把注意力回到自己，放在心輪，如果現在要送一句話給自己作為支持或鼓勵，你直覺想要跟自己說什麼呢？再一次吐氣、吸氣，把這句話當成禮物，放在心輪，感受這句話的力量。

靜心祈禱文線上聽 _____

Dreaming the intuitive abundance.

SEAL **3**

藍夜
Blue Night

我是夢想家（Dreamer），3是我的數字，藍色夜晚是我的能量。**豐盛**是我的本質、**直覺**是我的指引，讓美麗偉大的**夢想**得以啓動。在夢裡，帶來連結的訊息，我能解開夢、覺醒自己。

―――――――― 關鍵力量 ――――――――

夢想	直覺	豐盛
◎擅長領域：人生夢想、生涯藍圖、夢境的探索 ◎適合職業與方向：生命教練、老師、心理諮商師、激發且協助實踐夢想的人	◎擅長領域：心理投射媒材、牌卡、輔導諮商、心理學、潛意識相關 ◎適合職業與方向：心靈牌卡引導者、催眠師、善用潛意識媒材工具的高手	◎擅長領域：豐盛顯化、財富自由、投資理財 ◎適合職業與方向：帶貨女王、直播主、選物店、好物推薦群主、導購專家、分享豐盛的人

課題――善用直覺、記錄夢境給的訊息，不被物欲控制，活出豐盛意識、顯化並實踐夢想。

能力關鍵字――◎**夢想 Dreams**：人人都有夢想，夜晚都會有夢，夢想的訊息會透過夢境顯露出來。◎**直覺 Intuition**：直覺力強、憑直覺行動。◎**豐盛 Abundance**：從內在潛意識的豐盛，到外在物質世界的豐盛。

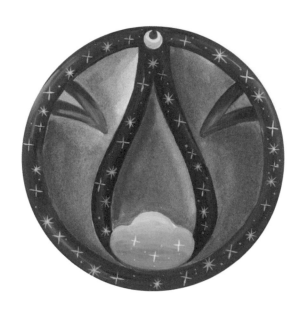

◎ 本質 ◎

藍夜是卓爾金曆上的第三個圖騰，對應馬雅星際原型是「夢想家」。「3」是它的數字（序號），也是我們生命中要學習的第三個主題：夢想。

藍夜主要掌管夢想、夢境與潛意識。夢這個字有兩個層面，一個代表夢想，另一個則代表了夜晚的夢境。因此，藍夜人的天賦是能將夢想創造成真，透過潛意識、直覺靈感、夜晚的夢境，藍夜人能把這些豐富的訊息加以轉化，成為實踐夢想過程中可運用的素材。而分享豐盛是藍夜的本質，而且越分享，越豐盛，並從內在擴展轉化到外在實際物質的豐盛。

藍夜人的直覺是非常強的，不妨多多練習相信自己的直覺與靈感，學習開發潛意識，例如各種藝術治療的媒材、探索潛意識的工具系統、催眠等等。

同時，藍夜人也非常重視睡眠（有一款藍夜人晚上不睡覺，入夜後精神特別好），好好地睡一覺，就像是回到宇宙的懷抱裡充電，並在夢中提取潛意識訊息，像是預知未來的夢或可能發生的畫面等等。藍夜人可以多利用睡前對自己的暗示：「關

於今晚的夢境，能給予我關於……的訊息」，去夢見想要創造的畫面或解答。

在相關印記裡擁有藍夜能量的人，適合從事與心理學或潛意識相關的工作，並帶領與「夢想」主題的相關活動，例如夢想藍圖的課程、談夢想實踐，或者夢想板的製作活動等。

◎ 課題與小提醒 ◎

藍夜會遇到的生命課題，是關於「豐盛感」這件事。

能量失衡的藍夜人，內心常會感到匱乏，即便真相不是如此，但由於看不見自己的豐盛之處，導致這些匱乏感連帶影響外在物質世界，呈現不足，在實際行動上，會用購物來滿足自己，或害怕付出、不願分享。

因此，在藍夜人的課題上，要學習看見已經擁有的豐盛，並練習分享。當你分享與給予時，會感受到更多的回應，這就是「宇宙三倍法則」：不論我們給予什麼，都會三倍回到自己身上。因而更能夠活出藍夜人內外都平衡的豐盛。

◎ 藍夜的日子 ◎

在藍夜的日子，會發生的共時現象有兩個：一是當天夢境可能會特別清晰，並帶來一些重要訊息；二是可能會收到別人贈送的禮物，或請客，特別豐盛。

在這個日子有三個調頻與擇日的好方法：一是記錄自己的夢境，把感受與聯想都寫下來；二是自己幫自己創造豐盛能量，例如購入需要的東西，吃飯時加一盤小菜或吃好一點的料理；三是關於夢想的許願，或潛意識投射牌卡的活動，讓豐盛能量協助夢想成真。

◎ 藍夜的可愛清單 ◎

・愛睡覺、愛做夢。
・喜歡趴趴走。
・愛血拼購物。
・買東西犒賞自己。
・愛放空、成天睡覺臉。
・慷慨、大方。
・喜歡探索與學習潛意識領域。

◎ 如何打動藍夜的心 ◎

- 一定要讓藍夜睡飽才會心情好。
- 帶藍夜去逛街買東西、一起享樂、享受豐盛。
- 陪藍夜一起聊夢想、談未來。
- 藍夜會因鼓勵且見證他人完成夢想而感動不已。
- 藍夜喜歡陪著一起成就他人的夢想。

◎ 藍夜的組合盤 ◎

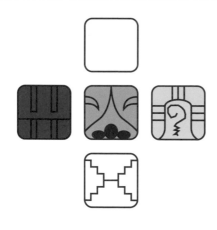

◆ 藍夜與黃戰士互爲支持

藍夜內在擁有豐富的潛意識訊息與夢想渴望，透過黃戰士的智慧提問，能協助自己釐清，究竟要的是什麼？這是真心渴望的夢想嗎？同時，黃戰士也能協助藍夜找到解決之道，使其在追夢之路上勇敢跨出每一步。黃戰士這種無畏無懼的勇敢力量能夠為藍夜加分。(可搭配參考「黃戰士」組合盤支持的內容)

◆ 藍夜與紅天行者互爲挑戰擴展

紅天行者協助藍夜能擴展能量，挑戰那個待在舒適圈的自己。紅天行者的能量與穿梭、好奇、移動有關。我們在追尋夢想的過程中，絕對不會停留在原地，而紅天行者就是帶著藍夜擴充可能性，打開生命當中更大的格局與潛能，無條件愛上這個探索生命的過程。(可搭配參考「紅天行者」組合盤挑戰擴展的內容)

◆ 藍夜與白鏡互爲隱藏推動

白鏡是藍夜的隱藏能量，藍夜掌管夢境和潛意識，很理解人性內在隱藏的潛意識地圖。我們的潛意識和夢境隱藏了許多祕密，但也像一面清楚的鏡子，當我們能清楚解讀這些訊息時，所有的秘密便能夠被解碼。另一部分，藍夜也喜歡透過潛意識分析工具或夢境解析，進行內在心理狀態的討論。(可搭配參考「白鏡」組合盤隱藏推動的內容)

◆ 藍夜圖騰的引導

1點家族：1點家族的藍夜，帶有雙倍豐盛的力量，若能專注活出主印記圖騰的力量，就能找到夢想引導的方向，內心有引領自我的答案。透過豐盛的分享，觀察潛藏在夢境與潛意識中的答案，會更明白內心的聲音與答案，以及要前進的方向。

2點家族：引導是藍鷹，協助藍夜在追尋夢想的過程中，往更高的地方飛去，透過藍鷹的視野與更高維度的格局，看得更廣、更遠。越是讓自己的能量輕盈，越能獲得指引。

3點家族：引導是藍手，藍手的能量跟實踐力有關，所以必須要落實，然後檢視自己關於夢想的清單，一步一腳印的親自去實踐。

4點家族：引導是藍風暴，尤其能協助人們在生命裡擁有轉化與改變的力量，夢想實踐的過程中，顯化的力量將會讓生命持續改變、蛻變，並一直前進，不斷以更龐大的格局打破原本的設限。

橫線家族：引導是藍猴，因此特別

有幽默感。越有創意、越好玩的事，越能夠成就實踐夢想的藍圖，因此，一定要把有趣、幽默的元素帶入正在做的事情或工作當中，甚至，在遊戲中還能獲得指引的訊息。

▒ 藍夜的圖騰靜心引導詞 ▒

1. 輕輕把眼睛閉起來，注意力放在右手無名指，這代表豐盛的能量，也代表每一個人潛意識中無限大的潛能，潛意識裡的訊息非常非常多。

2. 想一想，如果現在要對你的潛意識問一個問題，你要問些什麼？「親愛的潛意識，親愛的內在直覺，你想要了解什麼？請給我一些靈感、直覺的訊息，讓我用我可以接收的方式，清楚看見。」

3. 開啓你直覺的天線，打開內在潛意識的潛能，如果現在沒有任何感覺或畫面，沒有關係，你的潛意識會持續運作，甚至在不同的時間點，會給你不同層次的答案。

4. 慢慢吐氣，慢慢吸氣，做一個完整的深呼吸，把豐盛的能量吸進來，再吐出豐盛。當你準備好時，慢慢張開眼睛，把自己完整的帶回來。

靜心祈禱文線上聽 _____

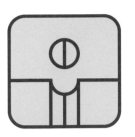

Targeting awareness and flowering my world.

SEAL **4**

黃種子
Yellow Seed

我是天眞無邪（The Innocent）、**單純眞善**之人，4是我的數字，黃色的種子是我的力量。**覺察內在種子**意念，天生賦予了內在覺醒的動力，萌芽累積成豐收的果實。保持良善天眞之心，大智若愚。信任自我潛能、**耐心等待**，達成**開花結果的目標**。

───────── 關鍵力量 ─────────

目標	單純良善	察覺內在種子
◉擅長領域：財務管理、金錢、數字、組織團隊合作 ◉適合職業與方向：業務員、資金招募、組織管理者	◉擅長領域：教育領域、動物照顧、植物的培育與照顧 ◉適合職業與方向：教育工作者、老師、人力資源培訓、花藝工作者、園丁、寵物照顧者	◉擅長領域：心理學領域、哲學領域、身心靈系統學習 ◉適合職業與方向：引導者、心理諮詢工作、探索生命核心的人

課題──透過自我覺察，清楚知道目標是什麼，並耐心等候開花結果。

能力關鍵字──◎**目標 Targets**：很清楚知道自己要做什麼，要很有耐心的等待，可以達成目標。◎**覺察 Awareness**：清晰覺知自己內在的起心動念都在種下什麼種子，並給予自己更多相信，相信自己的潛力無窮。◎**開花結果 Flowering**：給予種子越多的讚美，就會綻放出越多美麗的花朵。

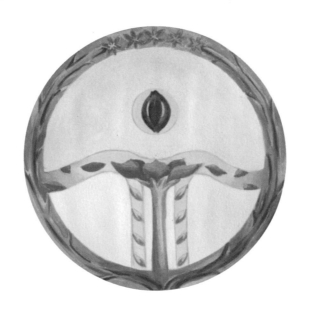

◎ 本質 ◎

黃種子是卓爾金曆上的第四個圖騰，對應馬雅的星際原型是「天真之人」。

「4」是它的數字（序號），也是我們生命中要學習的第四個主題：目標。

黃種子人經常保有良善天真之心，而且大智若愚，信任自我的潛能，耐心等待以達成目標，帶有內在覺醒的動力，從萌芽累積成豐收的果實。

黃種子人的目標規劃與完成速度，往往與其他人的期待不一樣。其他人常會認為黃種子人的速度稍慢，導致黃種子人會不自覺加速追趕，以達成社會或別人的期待，所以許多黃種子人（與身邊親友）的急性子，往往是這樣被逼出來的。

在競爭激烈、步調快速的時代中，倘若我們能給予彼此更多時間與信任，放下焦慮，便都能活得更自在。

種子的能量法則教我們觀察：種下什麼種子，就會收穫什麼樣的結果。給予種子人越多讚美，就會綻放越多美麗的花朵。黃種子人能覺察自己種下的意念，帶著耐心與信任去等待，給予自己足夠的時間去完成目標。

在相關印記擁有黃種子能量的人，適合從事需要細心與耐心的工作，也很適合團隊合作，與大家齊心協力，完成任務。

◎ 課題與小提醒 ◎

黃種子的生命課題有兩個部分：第一是「清楚聚焦在自己的目標上」。透過在生活中學習與探索，找到並專注投入於目標裡，並在過程中慢慢增長信心，看見自己擁有無窮潛能。

第二是關於「耐心」，在達成目標的同時，練習耐心等待而不著急，跟隨自己的速度到達目的地，只要給予足夠的時間，放掉壓迫與壓力，種子自然會發芽並開花結果。

◎ 黃種子的日子 ◎

在黃種子的日子，會共時發生的現象有兩個：一是可能會遇到考驗耐心的事；二是可能會有豐收的好消息，或是之前種下的種子已經開花結果，例如經營很久的客戶訂單終於成交了。

在黃種子日有兩個調頻與擇日的好方法：一是非常適合許願，把能量意念的種子灌注到心願中（黃種子和白巫師互為挑戰擴展，心願特別容易顯化成真）。

二是針對想要種下的目標種子採取行動，做一些象徵式的行為，幫助自己在宇宙頻率中先正確校準。例如想要結婚的人不妨去看婚紗，想生寶寶的人就去看嬰兒用品，想要考過某項考試的人就先請朋友吃飯。

◎ 黃種子的可愛清單 ◎

· 對自己特別沒耐心。

· 做事很急，但是真的做不快。

· 對想做的事情若有目標就會有所堅持，很有耐心的完成。

· 交代事情要講得很明確，沒有明確目標時就會很慢、遲疑很久。

· 會一直想站起來東張西望，要往下一步前進。

· 偶爾喜歡選靠近門口的座位，感覺隨時要起身。

◎ 如何打動黃種子的心 ◎

· 黃種子喜歡被信任。

· 鼓勵與肯定黃種子：「你一定做得到。」

· 與黃種子分享能夠增加信心的事情，例如某某某後來真的好起來了。

· 跟黃種子說：「你可以慢慢來，我會陪你。」

· 對黃種子說：「我會等你，你放心。」

· 送給黃種子很落地又實用的東西，讓他可以馬上就使用。

· 送給黃種子有生命的物品，例如盆栽。

◎ 黃種子的組合盤 ◎

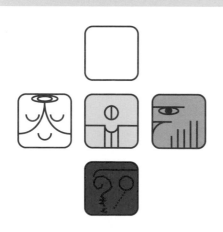

◈ 黃種子與藍鷹互為支持

黃種子非常清楚自己的目標，也需要耐心等待。藍鷹的能量能幫黃種子加分，協助黃種子不急於一時，不對進度的快慢患得患失，把注意力放在目標與願景上，把格局拉遠拉高，再次更精準地確認方向，並付諸行動。(可搭配參考「藍鷹」組合盤支持的內容)

◈ 黃種子與白巫師互為挑戰擴展

白巫師所能提供的協助是跨越時間，對於在乎時間速度與進展的黃種子來說，確實為思維擴展了不同的角度。白巫師的能量可以協助黃種子再次聚焦於當下，做到當下就是永恆，並打破對於時間著急焦慮的心境，在失去信心的時候，能再次看進內心，找到解答。(可搭配參考「白巫師」組合盤挑戰擴展的內容)

◈ 黃種子與紅地球互為隱藏推動

紅地球是黃種子的隱藏能量，因為種子要種在土地裡。當種子落地後，必須先扎根，才能往上生長，但這也是黃種子有時會忽略的地方，忘了要好好在一個地方扎根、信任自己在生命當中所有的相遇與安排，然後臣服與順流。

紅地球的「順流與信任」與白巫師

的「心向內」有關。接受、臣服順流所有來到面前的每一件事情，白巫師告訴我們，所有的一切都是回到自己的心，內心就有這些答案，能夠給自己一些指引，打開生命當中更大格局。(可搭配參考「紅地球」組合盤隱藏推動的內容)

◇ **黃種子圖騰的引導**

1點家族：1點家族的黃種子，具有雙倍的力量，專注活出主印記圖騰的力量，就能找到夢想引導的方向，內心有引領自我的答案。越是自我覺察，越能增加自己的信心，會更明白內心的聲音與答案，以及所要前進的方向。

2點家族：引導是黃戰士，協助黃種子在追尋夢想的路上擁有更多勇氣與智慧，越是勇敢提問、表達，越能夠找到解決問題的答案，綻放智慧的果實。

3點家族：引導是黃星星，這是特別優美、具有美感與藝術性的頻率。黃星星的能量會引導黃種子多學習或參加藝術美感的相關活動，並很有可能在藝術活動中獲得指引與靈感。

4點家族：引導是黃太陽，能看見自己其實擁有非常有溫暖且發光發熱的力量，展現黃太陽覺醒和開悟的力量，並把這個光芒傳遞給身邊的每一人。

橫線家族：引導是黃人，特別喜歡自由自在的狀態，喜歡思考關於人生的問題，遵照自己的意願行動，而且不能催促他。

▨ 黃種子的圖騰靜心引導詞 ▨

1. 請大家把眼睛閉起來，然後慢慢吐氣，再慢慢吸氣，再次放鬆全身，把部分注意力放在右手小指頭，連結黃種子的頻率。今年的你想要為自己種下什麼種子呢？什麼美好的種子意念？把這樣的願景跟願望，放在心輪。

2. 輕輕吐氣，吐氣時感覺心輪的種子，拿一把土，為它澆水、灌溉，像看著縮時攝影一樣，內在的種子慢慢發芽，冒出頭來，慢慢地長大。它長成什麼樣？是一棵樹嗎？感覺種子往下延伸出了觸鬚，往下扎根，往地球母親的心輪不斷延展，同時繼續往上延伸，往天空不斷開展，長出綠葉、果實，眼前的景象彷彿也出現了你取下這個心願的畫面，一切想要的、渴望的，以及一切有關的人、事、物，一步步在眼前越來越具象。

3. 輕輕送出一個感謝，謝謝這一切。也祝福參與自己最美好的開展過程中的每一個人、事、物。慢慢吸一口氣，把這樣品質吸進你的心，再次灌溉這片肥沃的土地。

4. 當你準備好的時候，做一個完整的深呼吸，把自己帶回來，慢慢張開眼睛，你可以把這個過程寫下來或畫下來。

靜心祈禱文線上聽 _____

Feeling my instinctual life force.

SEAL **5**

紅蛇
Red Serpent

我是啟動的蛇（Serpent Initiate）、原始本能（Hold the power of sex），5是我的數字，紅色的蛇是我的力量。**身體感知敏銳度**極佳，身體是我僻靜之處、接受管道，帶起我生命的覺知、照顧身體的需求，尊重並回應身體的訊息。**脫皮蛻變**、生命一直更新，喚醒我們的**生命力**、原動力、**熱情**的推動力。

──────── **關鍵力量** ────────

身體感知

◉擅長領域：感官開發、身體療癒、醫學、身體律動、健身、舞蹈、肢體表達、食品營養
◉適合職業與方向：醫師、營養師、瑜伽老師、健身教練、身體治療師、舞者

脫皮蛻變

◉擅長領域：心理學、探索生命歷程的系統、心理諮商領域
◉適合職業與方向：心理諮詢工作、激勵大師、協助人們改變的推手

熱情生命力

◉擅長領域：薩提爾冰山對話
◉適合職業與方向：極限運動、啦啦隊、生涯諮詢引導者

課題──與身體連結，身體感知能力，並活出生命的熱情，喚醒生命力。

能力關鍵字──◉**生存 Survives**：生存的原初力量，在脊柱底升起「昆達里尼（拙火）」，能量，像蛇一般的脫皮。要繼續生存，就要脫皮蛻變，脫掉舊有的能量後，生命能持續更新擴展。◉**本能 Instinct**：打開身體感的覺知，照顧身體的需求，尊重身體的訊息。◉**生命力 Life Force**：感受自己的身心如何回應，投入有熱情的、有生命活力的關係與事物中。

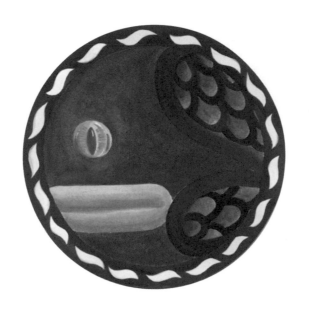

◎ 本質 ◎

紅蛇是卓爾金曆上的第五個圖騰，對應馬雅的星際原型是「啟動的蛇」。

「5」是它的數字（序號），也是我們生命中要學習的第五個主題：生存。

啟動的蛇，就像對應到海底輪的能量，代表了生命的原始本能，協助我們喚醒生命力與熱情，照顧身體的需求，尊重並回應身體直覺的訊息。所以紅蛇人在生活中要非常照顧自己的身體健康，因為健康與生命力息息相關，擁有健康的身心，才能擁有生命的活力。

在工作與人際方面，同樣也要找到動力與熱情並維持下去，才能保持平衡狀態。

因為紅蛇的「蛇」本身就象徵著「要生命存活，就要持續保持蛻皮」，當蛇褪去舊有的老皮後，就能持續成長與改變，從舊有能量中汰換，讓生命再次從內到外獲得新生力量。

說到紅蛇人的天賦，身體的直覺力很強，所以要信任自己的身體敏銳度，仔細聆聽身體的訊息與反應。根據紅蛇人的能量，適合多做身體伸展的活動，展現身體力量

與能量，藉由運動、舞蹈與肢體展現，輔以健康的食物和生活，讓紅蛇人的身心靈達到平衡。

在相關印記擁有紅蛇能量的人，適合引發他人的熱情與生命力，也很適合接觸、從事與身體健康有關的領域。

◎ 課題與小提醒 ◎

紅蛇要修煉的生命課題有三個階段，而且彼此息息相關。

第一階段是學習找到生命的熱情，找到一件可以喚醒生命力的事情，讓你啟動生命能量的感覺，若感到怦然心動，那就對了。

第二階段是喚醒身體感知的直覺力，當我們對生命產生熱情與動能時，身體的敏銳度與覺知才能被喚醒，自我與身體的連結也將更緊密，才能知道身體需要什麼，傾聽身體帶給自己的訊息。

第三階段是脫皮蛻變，當熱情不再、身體失去健康平衡時，就必須與這個階段的自己告別，生命就能往前進到下一個新階段了。

◎ 紅蛇的日子 ◎

在紅蛇的日子裡，會發生的共時現象有三個：一是感覺特別坐不住，很想起來扭動身體、跳舞或運動，來釋放身體過多的能量；第二是皮膚會有脫皮或過敏的狀況，共時的呼應了紅蛇脫皮的頻率。第三個或許是你當天會遭遇到某件衝擊內在課題的事件，讓你不得不去面對，需要去「脫掉、褪去」舊有模式。

因此，在紅蛇的日子調頻與擇日的好方法，就會與這些共時的現象有關。你可以安排與身體有關的自我照顧行程，例如瑜伽、運動、跳舞、身體療癒或SPA等能夠開展肢體潛能，發揮身體能量的熱情與活力的活動，讓身體透過這些活動再次恢復平衡。

◎ 紅蛇的可愛清單 ◎

· 熱情至上，會問自己：喜歡嗎？開心嗎？
· 身體敏銳度、身體反應特別快。
· 情緒與身體的對應非常直接快速。
· 身體比自己的享受跟想法更誠實。
· 遇到不舒服的人與事情會轉身離

開。

· 身體有確認鍵，做對事情就會感覺整個人都對了。

· 很喜歡身體按摩、spa。

· 投入熱情之事，會廢寢忘食。

· 一開始會冷冷的，當願意信任時就會全然投入地信任與相信。

· 要改變時，可以整盤推翻（整層皮脫掉）。

· 會經歷生命歷程中的脫皮，會經歷脫胎換骨的成長。

◎ 如何打動紅蛇的心 ◎

· 帶著紅蛇去做Spa或身體放鬆的療程。

· 幫紅蛇按摩身體或去角質。

· 帶紅蛇去吃健康的美食，感覺身體好舒服。

· 照顧同理紅蛇的身心狀態，陪伴他們。

· 陪伴紅蛇一起度過人生脫皮更新的期間。

· 讓紅蛇感受到自己的生命很有安全感，建立穩定的連結關係。

◎ 紅蛇的組合盤 ◎

◆ 紅蛇與白巫師互為支持

白巫師能為紅蛇加分，支持紅蛇的成長與改變。白巫師告訴我們眼光不能停留在外面，要「心向內」。紅蛇偶爾會對某些事情上癮，這些事情可能對紅蛇不利，但卻無法覺察或做出改變，此時，白巫師便能幫助紅蛇。閉上眼睛，其實你的內心早已有了答案，早就想要離開某個人或某件事。(可搭配參考「白巫師」組合盤支持的內容)

◆ 紅蛇與藍鷹互為挑戰擴展

藍鷹能幫忙紅蛇擴展能量，挑戰不熟悉的自己。藍鷹的任務便是提醒紅蛇，必須看得更清晰，以及為什麼現在需要改變？從更長遠的生

命旅程來判斷，現在的自己需要做什麼調整，或者其實需要先照顧好自己的健康，找回對於生命的熱情，而不是短視近利，只看眼前。(可搭配參考「藍鷹」組合盤挑戰擴展的內容)

◆ 紅蛇與黃戰士互為隱藏推動

黃戰士是紅蛇的隱藏能量，當我們面對改變時，往往會感到害怕，習慣待在舒適區，沉浸在長久的安逸中，這樣是沒辦法帶來更多成長的。若是此時，紅蛇又面臨了生命狀態的考驗，黃戰士的出現，就會像是被忽略已久的戰鬥力突然浮現，代表無畏無懼的潛能，讓紅蛇拿出戰士的力量，勇敢脫皮，勇敢改變。(可搭配參考「黃戰士」組合盤隱藏推動的內容)

◆ 紅蛇圖騰的引導

1點家族：1點家族的紅蛇，具有雙倍脫皮的力量，專注活出主印記圖騰的力量，就能找到夢想引導的方向。透過與發掘自己的熱情，喚醒生命的動能，內心有引領自我的答案。透過與他人討論分享激盪靈感，會更明白內心的聲音與答案，

以及所要前進的方向。

2點家族：引導是紅地球，紅蛇蛻變需要靠地球母親給予引導，這種類型的人特別喜歡旅行與自然的東西，因為越是貼近自然，越有助於紅蛇的身體健康。多接觸天然食物與用品，常常到大自然療癒身心。

3點家族：引導是紅月，特別擁有療癒的力量，很適合從事療癒相關工作，紅月的能量結合紅蛇的頻率，會特別貼近身體層次的療癒。透過紅月的引導，可以協助自己與他人敏銳地覺察身體健康與情緒流動的關聯。

4點家族：引導是紅龍，不妨與古老智慧與家族主題多多連結，都能引導紅蛇喚醒熱情。也可以探索「信任感」的議題，是否跟過去的能量有關。從過往的生命記憶裡，探索家族帶來的影響、父母的價值觀是如何影響你的。

橫線家族：引導是紅天行者，紅天行者喚醒紅蛇對探索生命的好奇，透過健康的鍛鍊、身體能量的學

習，探索自己的身體極限與熱情所在。同時也可以透過移動、體驗不同環境帶給自己的感受，能更認識自己的偏好，或者更換工作地點，換個空間，讓更多能量被帶起來。

▨ 紅蛇的圖騰靜心引導詞 ▨

1. 閉上眼睛，輕輕吐氣，再輕輕吸氣，感覺到你的海底輪有一股能量，是生命熱情的頻率，你知道這是紅蛇的能量，接著從海底輪繼續往上，感覺到像是雙股交叉螺旋一樣，交會處就是脈輪（就是你們所知的療癒權杖，雙頭蛇）。從生命底層根部的能量中心，帶起生命的動能，慢慢升起，停留一下，感受這個頻率。

2. 把部分注意力放在右腳大拇趾，然後慢慢吐氣。

3. 再次吸氣時，請從海底輪吸氣，讓這股能量慢慢地跟著呼吸延展，從臍輪、太陽神經叢、心輪、喉輪、眉心輪到頂輪，然後吐氣，感覺一下身體，應該能感受到一股熱能，因身體的熱能與能量的頻率振動，保持身體的覺察，觀察現在身體有沒有哪個部位有些感覺，可能是特別穩定、舒服或緊繃，或許有某個部位等待你特別關注。

4. 把注意力放在需要關注的地方，讓那個部位做三次吐氣與吸氣。吐氣時完全放鬆，吸氣時再次吸入更多的光與氧氣。感受內在，想一想現在生命的熱情是什麼？做什麼事會感覺特別有活力？留意直覺浮現的那項活動，留意是跟誰在一起、做什麼事，感覺那種怦然心動，並記住此時身體的感受。

5. 再次完整地吸氣與吐氣，把這股能量擴展到身體的每一個細胞，然後，把自己慢慢帶回來，慢慢張開眼睛。

靜心祈禱文線上聽

Equalizing all opportunity in organic balance.

SEAL **6**

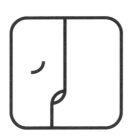

白世界橋
White Worldbridger

我是教皇（Hierophant），6是我的數字，世界橋是我的圖騰。我是均衡者、**協調者**，建立世界秩序的平衡。**死亡**是個結束也是開始，更是跨次元的境界，帶領我們看得清晰，因此能放下。生命中有許多美麗的大好**機會**，連結彼此，平衡兩端。不害怕死亡、不害怕失去，展開大口的呼吸。讓自身的**管道**通透、頂天立地，好好活著。

關鍵力量

協調、機會

◉擅長領域：談判技巧、溝通策略、協商模式、說話的藝術、傾聽練習
◉適合職業與方向：協調者、律師、媒人、仲介、星探、公關經紀公司、找人找物專家、里長

管道

◉擅長領域：媒體傳播、廣告行銷、自媒體、文化出版、跨次元溝通、前世回溯
◉適合職業與方向：作家、寫手、行銷企劃、網絡平台建構者、靈魂溝通師

死亡

◉擅長領域：宗教命理學、生死學、失落與創傷療癒陪伴、哀傷輔導
◉適合職業與方向：禮儀師、喪辦人員、哀傷諮商與創傷療癒師

課題——擔任中間的管道，不執著於任何一方，學會放下。放下執著，面對「死亡、結束」與「新生、開始」的恐懼。

能力關鍵字——◎**均衡 Equalizes**：維持均衡的力量，因此能連接不同兩端，維持生命平衡發展。◎**機會 Opportunity**：透過與不同人事物的連結，都是開啟生命各種可能性的大好機會。◎**死亡 Death**：死亡，是神聖知識的源頭與力量。結束，也是一切重生的開端。

◎ 本質 ◎

白世界橋是卓爾金曆上的第六個圖騰，對應馬雅的星際原型是「教皇」。

「6」是它的數字（序號），也是我們生命中要學習的第六個主題：平衡。

教皇的原型，象徵了建立神聖秩序的平衡，也是無畏死亡的大師。白世界橋圖騰一上一下的線條，天賦是成為連結並平衡兩端的人，就彷彿連結了天地的能量，是很暢通的訊息接收者，也是連結人事物的管道。

白世界橋很會溝通喬事情，就好像和事佬或調解委員一樣，如果遇到什麼談不攏的事情，可以試著尋求白世界橋人的協助；找不到東西的時候，也可以問問白世界橋人。

白世界橋的特質，是能在不同角色中切換自如，從這個舞台輕鬆轉換到下一個舞台。在生活中也要學習「結束」或「轉換階段」的自由切換、灑脫面對結束與分離，並在切換中找到平衡的方法。

學習放下執著，面對死亡、結束、新階段開始的恐懼，學會以自在灑脫的態度去應對。

死亡這概念就像是「結束」，象

徵了跨越次元、階段，從原有階段到新階段的轉換，新的身分角色開始，例如從學校畢業、出社會工作、結婚、生子，就是白世界橋的象徵意涵。

在相關印記擁有白世界橋能量的人，適合成為搭建橋樑的人，可以擔任團隊裡的協調者、鏈接人事物、幹旋者、平台搭建者、仲介與媒人等等。

◎ 課題與小提醒 ◎

白世界橋要修煉的生命課題，是「放下執著」。

學習信任、理解，並進而放手，面對無法掌控之事物的焦慮、害怕局面失控、對於未知或不確定性的擔憂、對於死亡（結束）的恐懼等等，都是白世界橋必經的修煉歷程。這些擔憂與執著，都源自於人類對於死亡的恐懼，認為死亡便是「結束」。但死亡（結束）真正的意涵，代表的是新的階段與身分即將展開。

而白色圖騰的能量能夠協助我們淨化、清理，看得更清楚，能夠學會放下這些原本的恐懼的想像。放過自己也放過他人，不再執著。

◎ 白世界橋的日子 ◎

在白世界橋日，會共時發生的現象有兩個：一是認識新的朋友，建立新的人際關係；二是或許會有朋友找你討論事情，並達成共識，產生新的合作關係。

在白世界橋日也有兩個調頻與擇日的好方法：第一是可以選在這天進行簽約、簽章，甚至如訂婚儀式，都很適合——你是否也有發現，這個圖騰就像兩個人在握手。第二，如果你想要成為橋樑，例如媒人、牽線人、仲介，或者想要促成某一件事情，也可以安排在這一天。

◎ 白世界橋的可愛清單 ◎

· 凡事都可喬。

· 能找到你找不到的東西。

· 我來喬、我來問。

· 地下里長伯，八卦資訊蒐集站。

· 對人與人之間的感情特別執著。

· 面對分離的時刻，不得不的情境、
  特別難受。

◎ 如何打動白世界橋的心 ◎

· 送白世界橋跟你有共同回憶的禮物
  （例如把照片做成紀念馬克杯）。

· 曾經聽白世界橋說過什麼物品很想
  要，你記得白世界橋的需要，讓他
  感覺有所連結。

· 帶白世界橋去認識新的圈子、新的
  領域、認識新朋友。

· 讓白世界橋進行不同次元連結的探
  索（例如與天使國度連結）。

◎ 白世界橋的組合盤 ◎

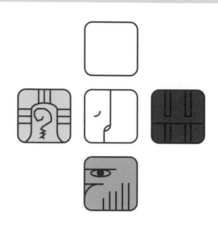

◆ 白世界橋與紅天行者互為支持

紅天行者能夠為白世界橋的能量
加分，支持且改變前進的動力。橋
樑的功能與概念，是「跨區域的連
結」。在不同地區，與不同的人事
物進行各種合作，能協助白世界橋
打開更多機會，讓自己成為行動橋
樑，把每個點都串連起來。(可搭配
參考「紅天行者」組合盤支持的內容)

◆ 白世界橋與黃戰士互為挑戰擴展

黃戰士能幫忙白世界橋擴展能
量，挑戰不熟悉的自己。黃戰士的
能量是勇敢無懼，協助白世界橋拿
出戰士的精神，有勇氣放下與斷捨
離，有智慧地面對離開與結束。黃
戰士給予的擴展力量，會為生命開
啟更大的勇氣。(可搭配參考「黃戰

士」組合盤挑戰擴展的內容）

◆ 白世界橋與藍鷹互為隱藏推動

藍鷹是白世界橋的隱藏能量，協助白世界橋飛得更高，看得更遠，所以白世界橋的人這麼會喬事情，是因為具備了一種潛能：內在有一張可運用資源的地圖，能看清楚很多事情，用更大更寬闊的視野來看，就能夠把事情協調到很完美。（可搭配參考「藍鷹」組合盤隱藏推動的內容）

◆ 白世界橋圖騰的引導

1點家族：1點家族的白世界橋，具有雙倍的力量，專注活出主印記圖騰的力量，就能找到夢想引導的方向，與自己的內心溝通，讓心裡頭的魔鬼與天使對話，讓理性與感性連結，自然有能引領你的答案出現。

2點家族：引導是白鏡，協助我們像鏡子一般，看得更清透，更理解人性。需要指引的時候，就從生活周遭的人事物當中觀察，看得清晰，就能獲得指引的訊息。

3點家族：引導是白狗，特別充滿了愛。不害怕失去與死亡，因為上面有狗狗的力量，與無條件的愛做為引導。別忘了回歸自己的心，心會告訴你什麼該放下。

4點家族：引導是白風，特別擅長說話與溝通，中間是連結的橋樑，上面是傳遞意念的白風，真的很適合擔任溝通協調者呢！

橫線家族：引導是白巫師，超頻和行星的白世界橋，對於神祕學、魔法都特別感興趣，更重要的是，內在意念是非常重要的，是能引領、協助他邁向實踐夢想的力量。

▨ 白世界橋的圖騰靜心引導詞 ▨

1. 閉上眼睛，輕輕吸氣，再慢慢吐出來，把注意力放在右腳食指。

2. 感受一下目前的生活，問問自己，並且信任直覺跳出來的答案：想要放下什麼？哪些人事物讓你糾結，影響著你？接著吐氣，把氣從右腳的食趾吐出來，讓它回歸大地。

3. 感覺自己就像一個連結的管道，就像是中空的蘆葦。透過自然的呼吸，放下執著與緊緊抓住的感覺與想法，讓能量順暢的來回流動。輕輕吸氣，再慢慢吐氣，讓橫向與縱向的管道都通透順暢。

4. 一切只有吸跟吐，讓自己成為全然的通道，感受美好事物的能量、豐盛頻率朝你而來，並且通過你。最後做一個完整的深呼吸，把這樣的能量擴展到身體的每一個細胞，準備好以後，慢慢張開眼睛，把自己完整的帶回來。

靜心祈禱文線上聽 _____

Knowing my accomplishments and healing.

SEAL **7**

藍手
Blue Hand

我是阿凡達（Avatar），神的化身，7是我的數字，藍色手是我的圖騰。我是實現者、形式的建造者，透過具體行動來**實踐**生命、有**執行力**，進而知道、**療癒**、完成。一步一腳印，被**創造力**充滿，並顯化完成的豐收。

── 關鍵力量 ──

雙手創造

◉擅長領域：手作、烘焙料理、工藝、美髮、美甲、美容、畫圖、設計、電子機械領域
◉適合職業與方向：廚師、甜點師、珠寶設計師、美容美髮師、繪圖師、設計師、工程師

執行力

◉擅長領域：適合執行力強的任務，協助自己與他人落實並完成計畫
◉適合職業與方向：建立制度者、專案企劃者、任務執行規劃師

療癒

◉擅長領域：以手作為療癒管道的系統
◉適合職業與方向：藝術創作、靈氣、雙手療癒的、身體觸碰類的療癒

課題──將空想轉化成實際行動，用手創造所有可能，做就對了！

能力關鍵字──◎**知曉 Knows**：做了就知道，做了就能夠了解，行動是獲取知識的開始。◎**療癒 Healing**：手是療癒的管道，透過雙手來感知並傳遞能量。◎**實踐 Accomplishment**：一步一腳印、落實的力量，將想要完成的事情逐步拆解，透過逐漸累積與進步來達成目標。

◎ 本質 ◎

藍手是卓爾金曆上的第七個圖騰，對應馬雅的星際原型是「阿凡達」。

「7」是它的數字（序號），也是我們生命中第七個要學習的主題：知曉。

藍手是實踐的力量，代表透過手的力量，去創造、觸碰、知曉一切，並採取行動完成療癒的能量，關鍵字就是「知曉」。

藍手人的特質，是腦袋裡擁有很多知識與想法，但必須透過實際操作，才能知道並理解。因此，藍手人很需要透過雙手的碰觸，產生療癒的力量，就能打開所有的學習和覺知。

藍手圖騰代表了雙手萬能與實踐力，雙手能創造所有的力量。因此藍手人的能量是非常豐盛的，象徵著一做就有、就成、就會。

在相關印記擁有藍手能量的人，適合學習畫畫、植物、模型、拼布、烘焙等技藝，或是透過雙手療癒的身心靈系統，例如靈氣或手印療法等等。

如果談到適合從事的工作，電腦繪圖、美容美髮、攝影藝術、甜點廚師，都與藍手的力量有關連的，

透過雙手，一步步去創造出許多東西。

◎ 課題與小提醒 ◎

藍手要修煉的生命課題，是關於「一步步地實踐」。

能量扭曲的藍手，容易停留在腦袋空想的階段，覺得知道了就好，不必特別去行動，因此容易天馬行空，說得比做得更多，缺乏行動力，也少了一些生活的實踐過程。而這些拖延、懶惰或無法落實的狀況，往往是起因於害怕自己做不到，或是執行結果跟想像有落差。

因此，破除藍手這些停滯不前的方式就是「拆解步驟」，把想要做的項目拆解成小步驟，先跨出第一步後，再一步步往前，最終就能達標。做了就會知道其實不難，難的是自我設限。

◎ 藍手的日子 ◎

在藍手的日子會發生的共時現象是，這天會突然很想動手做個東西，例如拼個拼圖、烤個餅乾、整理房間，或是完成某件事等等。

在藍手日有兩個調頻與擇日的好方法：第一就是實踐，這是非常適合實踐的日子，如果你有滿腦子的想法，還不如寫下來。這也是個非常適合動手做的日子，想到任何點子或計畫，就寫下來吧，然後開始實踐計畫。

第二，如果你有事情因為拖延，遲遲未能完成，在藍手的日子，可以藉由宇宙力量，把耽擱一陣子的事情順利完成。

◎ 藍手的可愛清單 ◎

· 偏愛手作的物品。

· 特愛樸實感的物品，手作感有職人的靈魂投入。

· 愛逛手作市集、手作材料店。

· 做了就知道，跟隨經驗累積法則行動。

· 只想不做，做不來，想做的事情太多，做不來，最後停留在想想就好的階段。

· 喜歡用手直接去摸物品，確認自己心中的選擇是否正確。

◎ 如何打動藍手的心 ◎

- 送藍手純手作的物品（例如拼布作品、木工製品）。
- 帶藍手去逛材料行，並告訴藍手：「任你買、隨你挑！」
- 送藍手精緻、有質感、好摸的禮物。
- 告訴藍手：「讓我們一起把這個計畫一步一步完成吧！」

◎ 藍手的組合盤 ◎

◆ 藍手與黃人互為支持

藍手代表實踐的力量，支持是黃人，所以當藍手想要創造出一個行動時，這個行動一定要跟著黃人內在的自由意志去落實，不然會變成想像與實際執行不一樣。

黃人的能量是來幫藍手加分的，這兩個加在一起就是「知行合一」。

黃人代表了聰明、智慧和思考。藍手代表了行動等於知道，做了就代表知識得以落實展現，是加分的重要關鍵。(可搭配參考「黃人」組合盤支持的內容)

◆ 藍手與紅地球互為挑戰擴展

紅地球能幫助藍手擴展能量，挑戰不熟悉的自己。紅地球能夠提醒藍手，腳踏實地做事，以及順流行動是非常重要的。紅地球代表一個挑戰的位置，在生命中的許多行動，並非只有埋頭苦幹，也不是趕快把事情完成就好，而是一邊做，一邊修正，同時感受順流能量的前進。(可搭配參考「紅地球」組合盤挑戰擴展的內容)

◆ 藍手與白巫師互為隱藏推動

白巫師是藍手的隱藏能量，藍手採取行動的時候，常會忽略內在的起心動念，白巫師能提醒藍手覺察我們內在究竟有著什麼樣的想法，而導致這樣行動的結果。你的意識專注力焦點放在哪裡，那裡就會被你創造出來。這也就是我們看到兩個不同的人做同一件事，為何會造成兩種天壤之別的結果，這就是內

在意念的潛力與推動所形成的現象。(可搭配參考「白巫師」組合盤隱藏推動的內容)

◆ **藍手圖騰的引導**

1點家族：1點家族的藍手，具有雙倍創造的力量，專注活出主印記圖騰的力量，就能找到夢想引導的方向，內心有引領自我的答案。容易創造豐盛、吸引成功，且很容易一行動就成功。

2點家族：引導是藍風暴，落實行動的能量會帶來改變和改革的力量，特別有催化改變、重建事物的天賦。當他採取行動時，很多事情就會跟著轉動起來。

3點家族：引導是藍猴，所以要做有趣的事。當我們在面對生命中有意義的事情時，一定要試著去想像有趣、幽默或有意思的事。能夠一邊玩耍，一邊獲得指引的訊息。

4點家族：引導是藍夜，非常豐盛。當我們採取行動時，夢想會引領方向，也更能實踐並完成行動，因此，實踐力是跟著夢想同步前進

的。不妨談談夢想與行動，試著讓夢境給你指引與方向。

橫線家族：引導是藍鷹，代表較大的格局。這樣的藍手在行動上，必須看得比較遠，因為他在進行的事情，不是立即見效的。所以採取行動時，可以考量什麼能讓未來更好？如何讓3年、5年內的我，都能朝向目標前進？

▧▧ 藍手的圖騰靜心引導詞 ▧▧

1. 閉上眼睛，輕輕吐氣與吸氣，讓心靜下來。把注意力放在右腳中趾，從這裡吸氣，再從這裡吐氣。

2. 回想你在最近的生活裡創造了什麼？做了什麼事情呢？或者完成了什麼事情？想讓哪些事情落實？

3. 在內心呈現一個影像。不妨先張開眼睛，寫下你想到的關鍵字或短句，再閉起眼睛，感受這些事情完成的畫面。接著，讓自己站在完成的位置，轉身回頭看，從完成的狀態往現在回溯，看到自己如何一步一步完成。寫下計畫如何一個環節接一個環節進行，彷彿看到事情已經完成。

4. 我們再一次完整的吸氣與吐氣，把能量擴展到身體的每一個細胞，當你準備好時，慢慢張開眼睛，把自己完整的帶回來。

靜心祈禱文線上聽 _____

Elegantly beautifying in an artful way.

SEAL 8

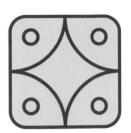

黃星星
Yellow Star

我是藝術家（Artist），8是我的數字，黃色星星是我的圖騰。所有的一切源於星辰，我認出我的優雅，欣賞我自己的**獨特**。接收天外飛來一筆的**靈感**，把**美感**帶到人間，在美麗的事物中發揮創造力。

關鍵力量

藝術

◎擅長領域：美學、色彩學、藝術史、表達性藝術治療

◎適合職業與方向：畫廊、美術館、手作與工藝創作者、藝術家、品管審查員

靈感

◎擅長領域：創意學、寫作課、直覺開發課

◎適合職業與方向：軍師、幕僚、企畫、作家

網路媒體

◎擅長領域：傳播媒體、網站系統架設、線上平台

◎適合職業與方向：工程師、網站設計師、直播主、線上課程分享者

課題——分享美麗的事物，展現自己的獨特，接納自己對於美感的偏執與挑剔。

能力關鍵字——◎**美麗 Beautifies**：美感是敏銳度，也是一種概念，更是一種愛的行動，對事物有獨到的鑑賞力、獨特的審美觀。◎**藝術 Art**：藝術即是生活，生活的每件事都是藝術，透過行動形成藝術品，也就是創造物本身，在藝術表達之中展現創造力。◎**優雅 Elegance**：細緻的品味，蘊含豐富的內在感受，具有獨特的人格氣質與個人風格。

◎ 本質 ◎

黃星星是卓爾金曆上的第八個圖騰,對應馬雅的星際原型是「藝術家」。

「8」是它的數字(序號),也是我們生命中要學習的第八個主題:美感。

黃星星圖騰代表宇宙中最美麗、最優雅的藝術,所以黃星星人本身就具備了有如藝術家的獨特美感與品味。

黃星星人有特殊的靈感接收方式,這些靈感,很多時候是天外飛來一筆,就好像從遙遠的星星一閃而來的訊息一樣。這些訊息未必會有邏輯,所以黃星星人可能會說不出什麼理由,但這樣乍現的靈感,常被運用在藝術創作、生活美感以及創意發想上,都是黃星星人的天賦。

而黃星星的頻率往往來自於天空,因此也特別適合從事傳播媒體與網路工作相關的行業、網站製作、網路教學、網路拍賣、部落客等。

黃星星人是最能把美麗優雅事物帶到人間的人。他們也有獨特的鑒賞力,所以,如果要找人針對美感評斷或選擇,甚至提供修正的建議

時，黃星星人通常會是適合的人選。

在相關印記有黃星星能量的人，只要身處於自己有興趣的職業裡，往往都能夠盡情發揮與美相關的特質，例如網頁設計、餐點擺盤、櫥窗布置等等，或者在團隊中擔任設計或藝術相關的職務，此外演藝圈與設計相關工作，也都很適合黃星星人。

◎ 課題與小提醒 ◎

黃星星要修煉的生命課題有兩個層面：第一是美的提升，在生活中淬鍊自己對美感的敏銳度；第二是跟藝術家性格的偏執及挑剔有關，如果對某些事情因標準太高而過於執著，就會落入追求完美的痛苦與失望之中。這些執著與挑剔，不僅僅讓旁人或合作者痛苦，自己也會陷入掌控欲帶來的緊繃狀態，無法順利在生活當中前進。

因此，調整一下自己對於優雅的定義，並釋放這些非理性的完美期待。能量到位的黃星星人，在生活當中其實是很落實接地的，很優雅的活在人間，與人分享許多美麗事物。

◎ 黃星星的日子 ◎

在黃星星的日子，會發生的共時現象是，這天會特別想打扮自己、想拿起畫筆創作、想去買個花帶回家、想拍下美麗的風景等等。

在黃星星日有三個調頻與擇日的好方法：第一是可以開始妝點生活中值得美麗的部分，例如買新衣服、換個髮型、更新家中用品，把自己跟環境弄得美美的；第二是請大家拿出美好的角度來看待自己，每天觀察與記錄自己的美好，並且讚美自己；第三，可以把創作或參加藝文相關活動安排在這一天。

◎ 黃星星的可愛清單 ◎

‧喜歡挑剔，是個挑剔鬼。
‧對品質要求標準高。
‧最忌諱髒亂與邋遢。
‧喜歡乾乾淨淨的人事物。
‧最愛整整齊齊的空間與安排。
‧喜歡把東西做得漂漂亮亮的。

◎ 如何打動黃星星的心 ◎

· 送黃星星精緻有質感的禮物。
· 與黃星星以好玩幽默的方式互動。
· 活潑的人事物，能讓黃星星放鬆自在的相處。
· 帶黃星星去優雅舒適的空間與環境用餐。

◎ 黃星星的組合盤 ◎

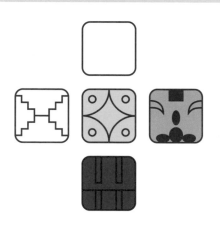

◇ 黃星星與藍猴互為支持

藍猴[1]是黃星星的支持。黃星星人本身頗具幽默感，而藝術形式的活動也一定要好玩，就像音樂、畫畫一樣，藝術不能枯燥沉悶。有意思的事情，特別能讓黃星星的頻率綻放。當黃星星以有趣好玩的方式展現藝術時，身為支持的藍猴，特別能夠幫忙加分。(可搭配參考「藍猴」組合盤支持的內容)

◇ 黃星星與白鏡互為挑戰擴展

白鏡能協助黃星星擴展能量，挑戰不熟悉的自己。很多藝術形式或創作，常常會直接反應每一個人的內心，例如作家感人肺腑的小說，或音樂家淒美動人的歌曲，都與創作者的人生經歷有關，所以當一個人失戀時，可能會寫出很好的小說跟淒美動人的情歌[2]。(可搭配參考「白鏡」組合盤挑戰擴展的內容)

◇ 黃星星與紅天行者互為隱藏推動

紅天行者是黃星星的隱藏力量，對於藝術形式的活動充滿了強烈的好奇心。如果他很喜歡攝影，就會去研究如何增進攝影能力。紅天行者的能量，是在不同地點到處移動、天馬行空的，甚至可以穿梭到不同的時間與空間。到處畫畫寫生，在不同的咖啡館寫作、創造出好的作品，或到世界各地攝影拍照等等。(可搭配參考「紅天行者」組合盤隱藏推動的內容)

◇ 黃星星圖騰的引導

1點家族：1點家族的黃星星，具有

雙倍黃星星能量的引導，能接收來自上天的訊息。如果需要接收指引和引導，可以常去觀星，在星空下接收訊息，尤其是晚上會特別有靈感。

2點家族：引導是黃太陽，特別溫暖，是暖心系的藝術家。透過生命的鍛鍊，為自己帶來覺醒跟開悟的力量，也更能協助自己和他人。把生命當中優雅美感的能量，用智慧傳遞出去。

3點家族：引導是黃人，也最熱愛自由的。如果他對這件事有感覺，會毫不猶豫的往前走，任性隨心，而這樣自由的頻率可以協助黃星星更

加閃耀。在合作時，也一定要給予絕對的自由，好讓他發揮能量。

4點家族：引導是黃種子，特別具備穩定、耐心的能量，允許自己用更多時間來醞釀創意、等待靈感湧現。從種子直到變成大樹，往往需要一段時間，而黃星星也是如此，需要耐心等待，讓夢想茁壯。

橫線家族：引導是黃戰士，特別需要勇氣去實踐夢想，在面對生命中的許多事情時，要更勇敢，並透過提問以獲得智慧的指引。在面對與解決問題時，用更高層次智慧綻放光彩。

※1｜祖師爺荷西博士的圖騰就是藍猴，支持是黃星星，他是藝術哲學博士，所有圖騰都是他重新繪製的，他也畫了很多曼陀羅時空之門創作，擁有很強的能量。黃星星是藍猴的支持，而「時間就是藝術」這句話，是馬雅13月亮曆法的很重要的觀念。

※2｜在心理學領域裡，表達性藝術治療媒材，通過抽牌卡，畫畫與創作、藝術形式的活動，能直接看出當事人的內在狀態，內在有哪些故事，內心反應了什麼樣的東西，這些層面就好像放大鏡和照妖鏡一樣，很真實的反應出黃星星的頻率。

▨ 黃星星的圖騰靜心引導詞 ▨

1. 輕輕地把眼睛閉起來，慢慢吐氣，再深吸一口氣。
2. 想像頭頂上方有整片星空，跟著心裡頭的讚嘆：「哇，好美喔！」從你的頂輪連結這股寧靜能量，所有星星都代表了我們遙遠的過去，將在遙遠的地方曾經閃耀的，連結回來你的心，在心輪放一個黃星星的頻率，你生命中的優雅與美麗是什麼？你生命中最珍貴、最寶貴、像星星般閃耀的美好是什麼？
3. 信任直覺跳出來的訊息，並問自己：「如果生命裡有一件事情，讓你想到了會微笑，會是什麼事情呢？」把這樣的微笑放在心裡，感謝它。
4. 慢慢地連結回右腳無名指，在這部位做一個完整的吸氣與吐氣。
5. 再一次完整的吸氣與吐氣，把能量擴展到身體的每一個細胞，當你準備好時，慢慢張開眼睛，把自己完整的帶回來。

靜心祈禱文線上聽 _____

Purifying the flow within the universal water of life.

SEAL **9**

紅月
Red Moon

我是治療師（Healer），9是我的數字，紅色月亮是我的圖騰。在流動的情感活水之中，**淨化**一切，提升所有自然界的振動。讓水與情緒的**流動**與月相合而爲一，帶出無盡的**療癒力**，我就是**宇宙之水**。

關鍵力量

淨化	流動	療癒力
◉擅長領域：游泳、水療、花精、精油、靈性彩油 ◉適合職業與方向：咖啡/飲料茶店、溫泉業/游泳池工作者、芳療工作	◉擅長領域：表演藝術、歌唱、聲音開發、說話藝術、心理劇 ◉適合職業與方向：陪伴者、助人工作者、演員、舞台表演者、說書人	◉擅長領域：情緒療癒、心理學、傾聽陪伴課程 ◉適合職業與方向：療癒師、身心靈分享者、治療師、心理諮詢工作

課題——學會將內在的情緒感受，做適當表達，並接納每個層面的自己。

能力關鍵字——◎**淨化 Purifies**：透過水的能量來清理並淨化自己，多喝水、泡湯、流汗、眼淚等都是淨化的過程。◎**流動 Flow**：水的本質狀態就是流動的，月亮代表我們的情緒，會隨著潮起潮落而起伏變化，情緒感受需要流動，流動也意味著釋放。◎**宇宙之水 Universal Water**：宇宙之水能療癒一切，知道如何不斷湧向完整、修復破碎與傷痛，能接納所有層面。

◎ 本質 ◎

紅月是卓爾金曆上的第九個圖騰，對應馬雅的星際原型是「治療師」。

「9」是它的數字(序號)，也是我們生命中要學習的第九個主題：淨化。

圖騰為紅色月亮，所以能量與淨化、水元素有關，可以透過流淚、流汗、泡澡、喝水等活動達到排毒淨化，也讓自己的身體與情緒流動。

紅月人的天賦是感性、溫柔、慈悲、柔軟與同理心，特別能夠與別人的情緒感同身受。因此，紅月人適合協助他人表達情緒，透過情緒的流動，釋放沉積已久的阻礙。

月亮是掌握情緒的關鍵，人的情緒就像月亮一樣，隨時都會變化，所以我們要能夠有意識的覺察情緒變化，並學習更舒服的表達方式，才能夠活得更健康。

紅月人可以運用擁有水元素的療癒工具來幫助自己與他人，例如精油、靈性彩油、花精等等，都與紅月「宇宙之水」的水元素有關。

當我們的情緒能夠流動、表達，便更能夠用平常心去理解：出現在生活中的所有感覺，其實都是正常的。同時，也可以透過如聽音樂、看電影、做運動、唱歌等活動來觸

發心裡的感受，從事會感到愉快或觸動心弦的事，都是讓情緒流動的方法。

在相關印記擁有紅月能量的人，適合從事與人互動的工作，例如服務業，也適合往身心靈療癒的領域發展。

◎ 課題與小提醒 ◎

紅月所遇到的生命課題，是「不壓抑情緒」的學習。

學習將內在情感做適當的流動與表達，當你在面對自己的各種情緒時，無論是開心、感動、憤怒、焦慮或恐懼，最重要的是能夠允許自己呈現出情緒，並觀察反應，不要急著批判此時是否應該出現情緒，也不必太快去分析情緒從何而來，因為當我們試圖為情緒找到合理的解釋時，就會落入頭腦理性的分析判斷，而忘了讓情緒流動。

透過觀察這些情緒與自己的關聯，都是自我覺察與成長的好機會。

◎ 紅月的日子 ◎

在紅月的日子裡，會共時地發現，自己好像特別容易感動、開心、情緒高張或難受想哭，甚至一會兒哭一會兒笑。在紅月的日子到來時，這些原本沒被關注到的心情，就像內在渴望被看到的自己，等待你去回應、正視與陪伴。

在紅月日有幾個調頻與擇日的好方法：透過水的能量來淨化自己、多運動流汗、喝水排毒、泡湯滋養自己、流淚，也適合看海或踏浪，找朋友聚會談心、唱KTV，或是在山谷大喊、搥沙包等等，讓情緒流動與釋放。

◎ 紅月的可愛清單 ◎

・情緒滿滿、愛哭鬼。

・一下哭、一下笑。

・感情豐富。

・情緒說來就來，高敏感人。

・感覺對了，很重要。

・喜歡有人聽他們講內心感受。

・很容易往心裡去、內心小劇場很多。

◎ 如何打動紅月的心 ◎

- 願意傾聽紅月的訴說。
- 在紅月落淚時，陪伴著紅月。（不要說：「這有什麼好哭的」）
- 關心紅月，讓他感覺得到自己的心被看見。
- 紅月的情緒能被理解、被接住。
- 讓紅月有被想到、被記得。（「你有想到我耶～」）

◎ 紅月的組合盤 ◎

◆ 紅月與白狗互為支持

白狗是為紅月加分的力量，可以協助紅月感受到更多愛的支持。當自己出現情緒時，不要忘了給自己更多無條件的愛，接納而非批判這些情緒。提醒自己先接住自己，好好照顧內心的感受，誠實回應自己，允許內在所有感受自然呈現並流動出來。（可搭配參考「白狗」組合盤支持的內容）

◆ 紅月與藍風暴互為挑戰擴展

藍風暴能幫助紅月擴展能量，挑戰不熟悉的自己。當我們在生活中想要改變、蛻變，想要往前推進時，內心往往也會產生許多恐懼。其實這些情緒就是要再一次擴展我們，所以，當我們越不害怕改變，就會改變得更快，也越不害怕負面情緒帶來的影響，並擴展我們對情緒的理解，打開生命裡更大的可能性。（可搭配參考「藍風暴」組合盤挑戰擴展的內容）

◆ 紅月與黃人互為隱藏推動

紅月內在隱藏版的自己，是個不想被管控的自由黃人，渴望能夠自由表達想法，並讓情緒自在流動。這也是被許多壓抑的紅月所忽略的課題，很難在他人面前自在表達情緒。學習情緒是能自由表達的，並為自己的情緒負起責任。（可搭配參考「黃人」組合盤隱藏推動的內容）

◆ 紅月圖騰的引導

1點家族：1點家族的紅月，有雙倍療癒的能量，他本身擁有非常適合引導他人說出感覺的天賦。內心有引領自我的答案。透過與他人討論分享、激盪靈感，會更明白內心的聲音與答案，以及所要前進的方向。

2點家族：引導是紅龍，透過家人的力量以及古老智慧的工具，都能獲得指引的訊息。適合從事家族治療、家庭回溯、童年回溯、童年經驗、內在小孩等等跟家族家庭有關的領域。也可以成為古老力量或情緒的療癒者。

3點家族：引導是紅天行者，可以進行時空的意識旅行或靜心冥想，進入不同的次元，探索各種能量場的療癒頻率，帶領大家進入水晶療癒能量的想像，或者進入心靈療癒的花園等等，在靜心中獲得指引的訊息。

4點家族：引導是紅蛇，透過身體能量的流動與覺察，來獲得指引的訊息。身體就是最好的引導者，所以要喚醒身體的敏銳度。好好照顧身體，常做能讓身體能量流動的活動，讓身體的動能去引導內在身心靈的能量頻率。

橫線家族：引導是紅地球，適合運用大自然的力量，或是在旅行中獲得指引。喝花草茶或成為精油療癒師等等都非常適合。可以透過身處在大自然，得到大地療癒的力量。

▨ 紅月的圖騰靜心引導詞 ▨

1. 輕輕閉上眼睛，慢慢吐氣，再深吸一口氣，把注意力放到右腳的小趾頭。

2. 觀想自己現在站在一座瀑布下方，瀑布用舒適的水溫，從我們的頭頂上沖刷下來。完整吐氣，清理淨化全身的能量場，讓宇宙之水的頻率，釋放所有堆積在身上的情緒與負擔，藉由吐氣，將那些不再適合我們的清理乾淨。

3. 感受最近的這段日子裡，有哪些情緒還梗在心頭，想像藉由眼淚、瀑布的沖刷，再次把這些情緒帶回地球的擁抱，成為地球母親的養分。

4. 感覺瀑布的能量，從頭頂到腳底流洩下來，流動的水就像你的情緒，讓它過去，同時也問問自己：身體有哪些地方感到疼痛緊繃嗎？讓瀑布的水滋養身體的每一個細胞。讓被泉水沖刷後的身體能量變得更清透、輕盈、放鬆。

5. 再次吐氣與吸氣，把全新、清新的頻率帶回來，把這樣的能量擴展到身體的每一個細胞，當你準備好了，慢慢張開眼睛，把自己完整的帶回來。

靜心祈禱文線上聽

Feeling Love and loyalty from the heart.

SEAL **10**

白狗
White Dog

我是慈悲者（Compassionate One），10是我的數字，白色的狗是我的圖騰。我是**愛**、我是**忠誠的守護**者、我是同理心，我能善待自己、對自己誠實，無條件的愛著自己。心敞開、無所畏懼，這就是**慈悲**的力量。我就是愛的給予者，就是去愛而非被愛，不索取、不要求如何被愛，就只是從心去愛。

關鍵力量

愛	忠誠/守護	慈悲
◉擅長領域：獸醫、護理醫療、植物學、老人照顧、社會工作 ◉適合職業與方向：植物、動物照顧者、長照機構、幼保教育人員、護士、社工	◉擅長領域：適合有忠誠度的領域工作，管理學、安全系統、危機處理、軍警界 ◉適合職業與方向：司機、管家、保全、大樓物業管理公司、軍人、警察、消防員	◉擅長領域：適合啟發並喚醒人們內在慈悲力量的工作，宗教、生命服務工作 ◉適合職業與方向：教導生命的導師、傳遞鼓勵慈悲力量的人、把愛傳出去的工作

課題——在無條件愛自己與對他人奉獻之間取得平衡。

能力關鍵字——◎**愛 Loves**：慈悲是宇宙愛的力量，而愛是一切生命的答案。透過各種的方式來付出或給予，喚醒每個人的慈悲力量，就是去愛，無條件的去愛。◎**忠誠 Loyalty**：誠實的對待自己、忠於自己的心，對自己不離不棄。◎**心 Heart**：真實的看見自己的需求，溫柔回應自己心中的渴望。

◎ 本質 ◎

白狗是卓爾金曆上的第十個圖騰，對應馬雅的星際原型是「慈悲者」。

「10」是它的數字（序號），也是我們生命中要學習的第十個主題：愛。

白狗圖騰的天賦，象徵著永恆的忠誠、愛，以及奉獻與服務。基於這些特質，白狗人要學習的課題，反而是得把這些力量全部拿回來，放在自己身上，必須在生命中先無條件並完整地愛自己，才能擁有平衡的力量，將愛繼續忠誠地奉獻給其他人。

白狗人要學習如何看見自己的心與感覺，學習如何跟隨自己的心去做出選擇，去過生活。當白狗人能夠直接面對心裡的感受，看見內在需要跟內心想要前往的方向，才是真正活出了白狗的天賦。

也由於白狗的天賦是忠誠又熱心，所以無論在家庭或工作的人際互動上，都會是我們忠誠的好夥伴，而當白狗人出現在我們身邊時，也是提醒我們要記得好好愛自己。

如果在生活中感覺低潮無力、缺乏希望或身心不舒服時，都是內心在等待我們去愛的區塊，也是為了

提醒我們，要回來把自己照顧好。

在相關印記擁有白狗能量的人，在工作上適合擔任志工、醫護人員或服務業。也適合從事「喚醒所有生命之內在慈悲力量」的角色，例如生命引導者、宗教或心靈啟發者。

◎ 課題與小提醒 ◎

白狗要修煉的生命課題，是關於「有智慧的愛」。

能量不到位的白狗人會有兩種極端，一種是變得太自私、自我，只想到自己，但他會告訴你「這樣做是為了你好」，把自己認為的好，硬套在對方身上；另外一種極端是完全忘了自己，一直付出、犧牲自己。

白狗人情緒失衡時，就會開始抱怨，會感覺到自己受苦，認為別人都辜負自己的付出與真心，追根究柢，是因為忘記要先照顧好自己的心。

因此，當白狗人能先把自己的心照顧得很好、無條件接納與愛自己時，對別人就會付出有智慧、剛剛好的愛。

◎ 白狗的日子 ◎

在白狗的日子，你會有「看見愛」的共時發生，彷彿宇宙正在對你眨眼睛。一是你會在出門時遇見白狗，能認出這是宇宙在對你傳送愛；二是你會遇到有人向你傳達愛與感謝。

在白狗的日子，有兩種調頻與擇日的好方法：一是好好愛自己，犒賞與滋養自己，與好朋友和伴侶來場小約會，表達彼此的愛與感謝，交流情感。因為白狗跟紅月互為支持，所以這一天很適合情感的表達與流動。

二是這天非常適合告白、結婚或舉辦喜宴，讓愛的智慧充盈在幸福的關係中。

◎ 白狗的可愛清單 ◎

・喜歡幫助別人、照顧別人。
・擅長看到別人身上的優點。
・很怕別人對自己有不好的評價。
・很擔心別人討厭自己。
・害怕自己被忽略。
・會一直付出、一直被吃死死的，還不知道怎麼反擊。

◎ 如何打動白狗的心 ◎

· 帶著白狗從內在去認識自己的價值。
· 能讓白狗真實的做自己。
· 讓白狗能安裝「愛自己」的調整鍵。

◎ 白狗的組合盤 ◎

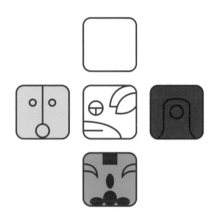

◆ 白狗與紅月互為支持

紅月支持白狗,讓一直付出愛的白狗,也能夠自在的流動情緒,表達情感,對於想要告白或表達感謝的人事物,都能夠去真實傳遞內在的感受。

同時,紅月也能支持白狗自在表達負面情緒,對於不舒服的感受,都能夠不壓抑的真實呈現,讓情緒能夠獲得轉化。(可搭配參考「紅月」組合盤支持的內容)

◆ 白狗與黃太陽互為挑戰擴展

黃太陽能幫助白狗擴展能量,挑戰不熟悉的自己。黃太陽和白狗都是能夠犧牲奉獻,並照顧別人的人。白狗喜歡服務他人,黃太陽用光芒照耀別人,黃太陽幫白狗點亮了一盞燈,給他更大的生命能量去照顧他人。當白狗能量可以全然愛自己時,就能夠活出黃太陽的光與熱,以及覺醒跟開悟的力量。

再者,白狗常常忙著照顧別人而忘了自己,有時候黃太陽也是如此。所以黃太陽要發光發熱之前,要記得白狗帶來的功課,而擴展的方式就是去學習如何先把自己照顧好。(可搭配參考「黃太陽」組合盤挑戰擴展的內容)

◆ 白狗與藍猴互為隱藏推動

白狗內在有藍猴搞笑的特質,隱藏版幽默的白狗是很調皮的。當你面臨一件令你痛苦的事情時,自己是如何面對、如何解決的呢?到底什麼是愛?什麼是愛自己呢?藍猴能夠協助白狗看清盲點,並告訴白狗:「只要是遠離愛、遠離心的事情,都是頭腦的把戲,都是假的,唯有愛才是真實的,愛是一切的答案。」(可搭配參考

「藍猴」組合盤隱藏推動的內容）

◆ 白狗圖騰的引導

1點家族：1點家族的白狗，具有雙倍的能量，引領白狗再次回到自己的心，不要忘記自己的心就在自己的內在，好好照顧自己，才有更多能量和力氣去愛自己與別人，這是朝向夢想力量的方法，再次提醒自己，做回自己，無條件的愛與接納。

2點家族：引導是白風，協助白狗朝著夢想實踐的道路，帶著溝通與表達的能量，學習如何表達心裡的感受，同時也可以接收來自精神層面的學習，從這些精神領域中獲得指引。

3點家族：引導是白巫師，對內在的力量更感興趣，會想接觸神祕學、魔法。一些內在心想事成的法則，進入內在起心動念的覺察，都是很重要的關鍵。除了心裡的聲音，更重要是心思意念，只要去感覺，心便能夠引領你朝向答案，以及更開闊的夢想之地。

4點家族：引導是白世界橋，能夠連接平台的人，所以適合當媒人，或串連大家的情感。白世界橋協助我們看見每個人內在的愛，然後串連成愛的大平台。 白世界橋也有結束與斷捨離的能量，有時候白狗會有濫情或情感過於充沛，以致於無法離開早已不適合的關係，4點家族的白狗要學習，因為愛的智慧更能擁有斷捨離的力量。

橫線家族：引導是白鏡，特別能夠一眼就看穿「有沒有愛的感覺」。對於內在的所有感受，自己是否有善待並接納自己，都要去覺察與接納。別人都是你內在的一部分，別人都是你心裡面的部分投射。這樣子的頻率能引領我們實現夢想的力量，但關鍵是認清所有的真實都源自於自己，在自我接納中獲得指引。

▨▨ 白狗的圖騰靜心引導詞 ▨▨

1. 輕輕閉上眼睛，慢慢吐氣，再深吸一口氣，把注意力放到左手大拇指，感受愛的頻率在這個部位震動。

2. 再把注意力放到心輪，回到你的心，試著問自己：你對自己的感覺是什麼？（直覺且誠實回答）你想要什麼？不想要什麼？你對自己和自己的感受忠誠嗎？如果回答出現否定的聲音，也請同時在心裡對自己說：「對不起、請原諒我、謝謝你、我愛你。」

3. 接下來，試著思考你最想要對誰表達愛與感謝（除了自己），深吸一口氣，把愛隨著吐氣慢慢送出來，並將能量傳送到對方的心輪。給自己一點時間完整表達心情，並繼續讓愛的能量蔓延，用無條件的愛融化自己的心輪，擴展心的空間。

4. 完整的吸氣與吐氣，把能量擴展到身體的每一個細胞，當你準備好時，慢慢張開眼睛，把自己完整的帶回來。

靜心祈禱文線上聽 _____

Playing magical illusion of life.

SEAL **11**

藍猴
Blue Monkey

我是魔術師（Magician），11是我的數字，也是大師編碼，藍色猴子是我的圖騰。生命本身就是一場**遊戲**，擁有一顆好玩的心，在人生的遊戲中看見真實、就能**穿越幻象**。魔術師擁有**魔法**，就是轉化者的力量，我能認出頭腦的把戲，幽默以對。

--- **關鍵力量** ---

遊戲

◉擅長領域：各種遊戲、桌遊、遊戲治療
◉適合職業與方向：各種遊戲與活動帶領人、遊戲公司、與遊戲開發相關的工作

魔法

◉擅長領域：變魔術、創意發想、創意行銷學、辯論、魔法學領域
◉適合職業與方向：智囊團、魔術師、軍師、幕僚、企畫、協助團隊激發創意與點子、精通魔法的巫師

幻象

◉擅長領域：適合不同觀點或另類思考的方向、法律相關
◉適合職業與方向：心理分析師、情勢分析專家、戰略分析師、化解尷尬窘境的角色、律師/法官/檢察官

課題——生命就是遊戲、讓我們學習不要太嚴肅對應。擁有一顆好玩、敢遊戲的心，認出頭腦的把戲，幽默以對。

能力關鍵字——◉**遊戲 Plays**：將不同的心智型態得以進化，以進行遊戲、玩耍的方式來獲得啟發，是幽默感的展現。◉**魔法 Magic**：是一股轉化的力量，提升事物原有的頻率，並以神奇的狀態展現出來。◉**幻象 Illusion**：清晰知道何謂幻象，看見的、感受到的、想到的，都有可能是會消失的、虛假且不真實的。

◎ 本質 ◎

藍猴是卓爾金曆上的第十一個圖騰，對應馬雅的星際原型是「魔術師」。

「11」是它的數字（序號），也是我們生命中要學習的第十一個主題：玩耍。

藍猴的本質象徵著遊戲，也告訴我們：有時也得放輕鬆，把生命當成遊戲，擁有一顆玩耍的心，在日常生活的遊戲場域中，得學著不要事事都那麼嚴肅。

當你過於嚴肅看待一件事情時，也表示你進入了輸贏、對錯的二元對立之中，所以我們常說「認真就輸了」，指的就是這個意思——輸給頭腦的把戲！

我們在這裡用猴子象徵頭腦，學習不要在頭腦產生的幻象裡執著，被那些自己想像出來的把戲給耍了，因為多數人總習慣自己上演許多小劇場，相信事情有多麼嚴重、可怕而且無法改變，必須爭個贏輸。

因此，這也是藍猴人的天賦，當我們能去覺察頭腦的這些想像是怎麼操控自己時，就能夠更清楚的看見真實、看穿幻象，把那些蒙蔽我們的想法都除掉。荷西博士主印記圖騰就是藍猴，他自己本身是Kin

11光譜藍猴。

在相關印記擁有藍猴能量的人，適合從事需要幽默感，或是有趣好玩、與遊戲開發相關的工作類型，他們可以協助團隊激發創意與點子，也適合擔任化解尷尬窘境的角色。

◎ 課題與小提醒 ◎

藍猴所遇到的生命課題，是關於「輕鬆幽默」的學習。

他們往往過於認真看待事物，過於嚴肅，因而忘了與生俱來的幽默感。因此，要學習運用輕鬆的態度，生命的最高智慧就是在於「詼諧」，也就是我們說的高EQ。

當我們在生活中面對各種人事物時，若能夠以幽默感來回應，就能不被眼前的困境給局限，以輕鬆態度去改變且轉化所遇到的困境和難題，因此，學習幽默感是非常重要的關鍵。

◎ 藍猴的日子 ◎

在藍猴的日子裡，你會容易遇到搞笑、莫名其妙、被耍的荒唐事情，或感覺好像做白工，甚至會懷疑這是幻覺嗎？而這些共時的現象，都是為了提醒我們學習「幽默以對」，當我們能輕鬆一笑，就能瞬間恍然大悟，因為今天是藍猴日呀！不妨把這些事當做宇宙在與我們開開玩笑，鍛鍊我們的幽默感！

在藍猴日有三個調頻與擇日共用的好方法：一是安排玩樂的行程，大玩特玩，開心玩樂。二是舉辦團體聚會，特別是同學會、同樂會，肯定開心。三，如果選在這一天舉辦一些分享或課程，可以多採用遊戲的方式來進行。

◎ 藍猴的可愛清單 ◎

・喜歡去好玩的地方。
・喜歡去遊樂場、動物園。
・事情要趕快做完、就可以趕快去玩。
・愛耍寶、喜歡逗大家開心。
・很愛捉弄人、有成就感。

◎ 如何打動藍猴的心 ◎

· 買玩具、桌遊、遊戲給藍猴玩耍。
· 捉弄藍猴、逗藍猴開心，陪藍猴一起玩。
· 跟藍猴一起練肖話。
· 跟藍猴一起討論好玩事。
· 陪藍猴一起做能夠輕鬆開心的事情。

◎ 藍猴的組合盤 ◎

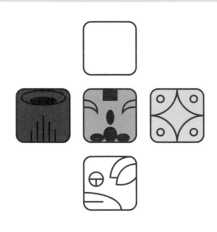

◆ 藍猴與黃星星互為支持

黃星星能夠幫藍猴能量加分，協助藍猴改變並成長。藍猴的能量是魔術師，黃星星能量就是美感藝術的展現與表達，可以幫助藍猴在施展魔法時添加美麗的元素，把遊戲的過程以藝術創作來表達，也把藝術創作本身視為一個變魔法的過程。（可搭配參考「黃星星」組合盤支持的內容）

◆ 藍猴與紅龍互為挑戰擴展

紅龍能幫助藍猴擴展能量，挑戰不熟悉的自己。紅龍的古老智慧元素，能夠更打開藍猴的幽默感與遊戲心，讓靈感很多的藍猴，能夠在探索家庭議題或學習古老智慧時，用更有智慧以及幽默的特質，讓藍猴感受到滿滿的滋養與喜悅！（可搭配參考「紅龍」組合盤挑戰擴展的內容）

◆ 藍猴與白狗互為隱藏推動

隱藏推動的力量是白狗，能讓藍猴看見，之所以願意用幽默去面對困境時，是因為藍猴知道內在隱藏著這份愛的本質，因為你愛對方，也愛自己，願意用幽默去化解彼此的尷尬，而非製造對立。（可搭配參考「白狗」組合盤隱藏推動的內容）

◆ 藍猴圖騰的引導

1點家族： 1點家族的藍猴，具有雙倍幽默的力量。可以開自己玩笑，學習看見為何常常自己被自己矇騙，搞出烏龍事，別再被自己的自

作聰明所騙（聰明反被聰明誤）。學習自我幽默，取悅自己，取悅他人。

2點家族：引導是藍夜，協助藍猴朝著夢想實踐的道路走去，而夢想會引領方向。特別適合「遊戲」結合「夢想主題」的活動，也可以試著讓夢境給你指引與方向。

3點家族：引導是藍鷹，協助自己在生命的道路上看得寬廣，把夢想的眼光放得更遠。藍鷹引導我們，很多事情不是只看現在，特別是藍猴感到憤怒或嚴肅緊繃的狀態出現時，藍鷹可以協助藍猴飛到高處看看人生的寬廣，然後拿出幽默感，化解一切。

4點家族：引導是藍手，可以把幽默有趣的點子都寫下來，並透過實際行動去創造出來。這組頻率的人通常蠻會手作，例如很會做教具的老師，或者是把創意變成具體的產品。

橫線家族：引導是藍風暴，特別具備強大的轉化力，能夠協助自己與他人突破關卡，在朝向夢想的道路上打掉重練，重新轉化、鍛煉，告

訴自己，生命當中要不斷前進，不害怕改變。

▨ 藍猴的圖騰靜心引導詞 ▨

1. 閉上眼睛，慢慢吐氣，再深吸一口氣。把注意力放在左手食指，輕輕用左手大拇指與左手食指互相碰觸，這兩隻剛好互為隱藏和推動。再做幾個深呼吸，輕輕吐氣，再慢慢吸進來。

2. 感受一下現在的生活裡，有沒有哪些人際互動讓你覺得糾結、緊繃或嚴肅？或者，與誰互動時常常有關於對錯、疏離的爭論。接著，慢慢的深吐氣，讓這些所有不輕鬆的感覺消融，吸氣時再次吸入幽默，給自己一個微笑，瞬間能帶起輕鬆好玩的感覺。

3. 接著，想像這個畫面，我們能與對方輕鬆交談、幽默談笑。當我們能夠一笑置之，就能更接近愛的本質，因為這些緊繃感，都是為了提醒我們，讓心再次回到愛的源頭。

4. 再次完整的吸氣與吐氣，把能量擴展到身體的每一個細胞，當你準備好時，慢慢張開眼睛，把自己完整的帶回來。

靜心祈禱文線上聽 _____

Influencing with my free will of wisdom.

SEAL **12**

黃人
Yellow Human

我是聖哲（Sage）、哲人，12是我的數字，黃色的人是我的圖騰。我是**智慧**的存在，基於內在意志的力量，我能為自己想要的方向做出**自由意志**的選擇，負起自我的**責任**。整個宇宙都是我接收知識的領域，知識發揮的**影響力**，促使世界上更多美善的行動發生。

關鍵力量

智慧

◎擅長領域：數理思考、邏輯推演、另類思考、理性分析等領域
◎適合職業與方向：軍師、提供想法的人、意見領袖、研究員、各種類別的分析師、工程師

自由意志

◎擅長領域：協助人們突破自我限制與框架，並活出自由人生的領域
◎適合職業與方向：心理學家、老師、自由工作者類型、獨立創作者

影響力的行動

◎擅長領域：捍衛、發聲、爭取權益、發問並釐清、解決問題的相關領域
◎適合職業與方向：律師、法官、性別平權工作者、諮詢工作、為人民服務的職業

課題——在自由與責任間找到平衡。想要活出更大的自由，就要看見自己要去承擔的責任；願意負起責任、才能真正活出全然的自由。

能力關鍵字——◎**影響 Influences**：從個人散發出行動的影響力。知道自身的想法與意見，是有一定的影響力。基於這樣的自我理解，就會把行動建立在依循眾人福祉、更廣大的良善行動上。◎**智慧 Wisdom**：知道如何傾聽，讓天生聰明才智的頭腦得以發揮作用。喜歡思考，也擅長分析。從小事件當中也能思考出人生道理，宇宙中的每件事情都處處充滿啟發。◎**自由意志 Free Will**：熱愛自由，尊重自己內在自由意志，有自己的想法與見解。

◎ 本質 ◎

黃人是卓爾金曆上的第十二個圖騰，對應馬雅的星際原型是「聖哲之人」。

「12」是它的數字（序號），也是我們生命中要學習的第十二個主題：影響力。

黃人象徵智慧，能思考方向並做出選擇，對自己負責任，活出真正的自由。藉由發揮內在穩定的影響力，來掌握更高的心智層面。

在20個圖騰裡，只有黃人圖騰是以「人」作為命名，因此黃人的特質也象徵著人類與其他萬物不同之處

——自由意志，內外在都要活得自由自在。害怕被管束或被逼迫去做什麼，這都是黃人的痛苦之源。

另外，如果要與黃人溝通討論時，不妨多多尊重他們的想法，讓黃人自己點頭答應，而不是由你告訴他該怎麼做。

黃人的天賦，是能夠為自己表達想法，在自由與責任之間找到平衡點，當黃人做好決定，說出要做某件事情時，才能夠全然為自己採取行動，這時的他們會負起責任，把最大的自由能量發揮出來。

在相關印記擁有黃人能量的人，適合擔任軍師，或是從事提供想法

與觀點等思考型的工作。

◎ 課題與小提醒 ◎

黃人所遇到的生命課題，是學習面對自己想要的自由時「敢於承擔責任」。

能量不到位的黃人，之所以無法面對心之所向的選擇，是因為不想為自己的選擇負責，害怕失誤與後悔。因此，做決定的時候要問自己，究竟哪一個選擇符合自己內心渴望的自由，有捨才有得，知道要獲得些什麼，就要相對捨掉些什麼，並且讓這個負責的力量帶出新的行動，勇敢的做出決定，做出心的選擇。

◎ 黃人的日子 ◎

在黃人的日子，有些事情會引發你的思考，促使自己去想「究竟要如何」這樣的共時發生。你或許會有個人主張以及原有的價值觀與想法，但在黃人日這天，容易讓人掙扎、猶豫不決，或是搞不定自己。往往也會不知道自己要什麼，而先暫時把事情擱置。

在黃人日有三個調頻與擇日共用的好方法：一是寫下所有的靈感想法，成為生活智慧的養分；二是利用這一天，向你認為有智慧的人請教，你將獲得指引的訊息；三是為自己做一些爭取自由的行動，問問自己，什麼事情讓你感覺自由自在，什麼行動更能活出內在自由的力量，替黃人力量加分。

◎ 黃人的可愛清單 ◎

・愛自由、不喜歡被管。
・對於被制約的事情或話題特別敏感。
・堅持己見、固執、講不聽。
・愛爆衝、不聽勸、拉不住。
・想做的事情要馬上做、無法等。
・被限制或被反對時會超不爽：「為什麼不行！！」
・總會在生命真實的體驗與負起責任之後，才會知道什麼是自己真正想要的自由。

◎ 如何打動黃人的心 ◎

· 順著黃人，因為講也沒用。
· 給黃人自由，支持黃人的決定。
· 告訴黃人：「哇嗚，你這想法不錯，我沒想過耶～」
· 在黃人面前展現出不同的思考方向，表現深度與內涵時，黃人會眼睛發亮。

◎ 黃人的組合盤 ◎

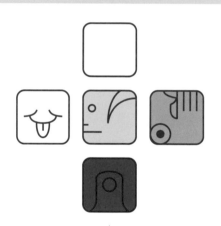

◈ 黃人與藍手互為支持

藍手能夠幫黃人的能量加分，來自內在自由意志的想法，要透過雙手落實，腳踏實地完成。藍手黃人互為支持時，就能「知行合一」，藍手能協助把黃人的聰明、智慧、思考後的想法具體展現、創作，落實下來。（可搭配參考「藍手」組合盤支持的內容）

◈ 黃人與白風互為挑戰擴展

白風幫助黃人擴展能量，挑戰不熟悉的自己。黃人重視自我想法與個人自由，因此常會覺得自己想好怎麼做就可以了，不一定要與其他人溝通。因此，白風會鼓勵黃人多向人表達內在想法。透過交流內在的智慧與思考，能更加擴展黃人的智慧。（可搭配參考「白風」組合盤挑戰擴展的內容）

◈ 黃人與紅月互為隱藏推動

黃人有個隱藏版的自己是紅月，紅月能讓情緒感受流動，黃人內在有很細膩敏感的部分。隱藏版的紅月很能夠覺察到別人的情緒反應，具備高敏銳度與覺察力，當他能夠覺察自己內在隱藏的層面，細膩觀察內在情緒時，自然比較能表達出來，如此一來，黃人的內心也更加自由了！（可搭配參考「紅月」組合盤隱藏推動的內容）

◈ 黃人圖騰的引導

1點家族：1點家族的黃人，具有雙倍的力量。一個非常需要自由的

人，個性上也相對比較自我，非常清楚自己要的是什麼。學習傾聽並尊重不同的意見，透過與他人討論分享、激盪靈感，會更清楚內心的聲音與答案，以及所要前進的方向。

2點家族：引導是黃種子，特別需要耐心等待，清楚知道目標是什麼，允許自己有更多時間來醞釀想法的熟成。一個夢想從冒芽到變成大樹，或許需要一段長時間，讓夢想更加成熟、逐漸茁壯長大。

3點家族：引導是黃戰士，特別有種為自己生命戰鬥的戰士力量，鼓勵這個家族的人勇敢為自己發聲，勇敢提問，說出生命中的渴望，為自己出征。透過思考，找到解決問題的方案，一路過關斬將，實踐夢想。

4點家族：引導是黃星星，有藝術優雅的品質引領生命前進，所以，自由自在的黃人，蠻適合從事跟黃星星特質相關的工作，包括藝術、傳播媒體、線上互聯網等等。都是這家族可以去發揮的。如果需要指引，可以透過畫畫、電影、音樂，接收關於夢想的指引。

橫線家族：引導是黃太陽，發光發熱而特別溫暖，分享生命中的智慧，以及分享自己如何走過生命困境、綻放光芒，擁有更強大的力量走向夢想。

▨ 黃人的圖騰靜心引導詞 ▨

1. 輕輕閉上眼睛，做幾個深呼吸，吸氣、吐氣。把注意力放在左手中指，把能量帶到這裡。

2. 慢慢把注意力帶回心輪，感覺一下你在生活裡感覺自由嗎？覺得自己是個自由的人嗎？在你的生活、事情的安排與人際關係，擁有多少自主權呢？有多少能夠為自己做決定、負起責任的力量？

3. 當明白能完全為自己想要的事情說「好」的時候，同時也是對不想要的事情說「不」，內在沒有回應的事物就可以拒絕。你能判斷「好」多一點，還是「不」多一點。如果你是一個濫好人，在生命中不斷地說「好」，黃人力量就無法展現。你沒有給予「拒絕」足夠的自由，可以說你不要、不行、不願意，但當你內在準備好的時候，有回應的時候，你才讓自己答應這件事。

4. 慢慢吸氣，把能量帶到心輪，把這樣自由的呼吸進來，吸進自由、吐出自由。

5. 再一次完整的吸氣與吐氣，把能量擴展到身體的每一個細胞，當你準備好時，慢慢張開眼睛，把自己完整的帶回來。

靜心祈禱文線上聽 _____

紅天行者
Red Skywalker

我是預言家（Prophet）、先知，13是我的數字，紅色天行者是我的圖騰。我找到內在穩定的品質，讓自己更加落實，帶著好奇心**探索**內在與外在，在**空間移動**的狀態裡開展思想意識、喚醒**覺醒**的力量，及強化讓自己落地扎根的穩定力量。

─────── 關鍵力量 ───────

探索

◉擅長領域：各種身心靈課程、創意領域、變化度與豐富度較大的領域、沒有限制的或有多種可能發展的、直覺力開發

◉適合職業與方向：冒險領域、極限運動、需要應變能力強的工作

空間移動

◉擅長領域：靜心冥想、聖地之旅、可以一直到處移動的領域

◉適合職業與方向：業務、公關、踩點及勘查、開發與拜訪、救火隊、支援前線的人

覺醒

◉擅長領域：神祕學、未來趨勢相關領域、願景探索、預言展望

◉適合職業與方向：趨勢分析師、指引方向的人、協助把內在真理落實於人生的人

課題──在移動與奔波中，平靜自己的心，讓自己穩定落實。

能力關鍵字──◉**探索 Explores**：對於新事物的探索、身體移動的探索、及不同時空的回溯與探索。◉**覺醒 Wakefulness**：因為好奇探索而體驗生命，透過靜心得到內在扎根的覺醒力量。◉**空間 Space**：思想意念，透過穿梭空間而得到開展。

◎ **本質** ◎

紅天行者是卓爾金曆上的第十三個圖騰，對應馬雅的星際原型是「預言家」。

「13」是它的數字（序號），也是我們生命中要學習的第十三個主題：探索。

紅天行者的圖騰象徵一道門，我將這扇門形容成「任意門」，紅天行者的天賦，就是能夠穿梭於不同空間，自由探索不同的可能性，因此也被稱為預言家，指的是比較能夠看到前方道路，並指引方向的人。

紅天行者擁有好奇寶寶的特質，

他們對於生活中新奇或沒有體驗過的事物，都是充滿好奇的，而且具備探索及學習的動力。他們可能會常講：「我沒做過，所以想試試看。」「我沒學過，所以好奇這是什麼。」「我沒吃過，所以很想知道這是什麼味道。」

紅天行者喜歡穿梭在不同地點，因此如何找到內在穩定的力量，讓自己更加落實，也是必須學習的課題之一，好讓自己能夠帶著好奇心探索內在與外在，練習透過靜心而得到平衡與穩定。

在相關印記擁有紅天行者能量的人，並不適合一直待在辦公室裡，

更適合需要時常移動、切換工作場所，帶著電腦到不同座位去工作，或是需要時常出差的工作。透過移動，會增加更多動力與靈感，去學習探索並獲得成長。

◎ 課題與小提醒 ◎

紅天行者所遇到的生命課題有兩個，第一個是學習「投入體驗」，讓自己放下理智的判斷，好好投入感到好奇的事物之中，單純進入體驗並享受過程。

第二個是讓自己「更務實、更落地」，紅天行者偶爾會活在天馬行空的想像裡，遇到令自己擔憂的事情時，也常會不切實際，不妨練習具體的討論，這些飄在半空的想法如何落實，或者練習具體說出自己在擔憂什麼，真的會發生嗎？或其實這些擔憂都是多餘的呢？

◎ 紅天行者的日子 ◎

在紅天行者的日子，會發生的共時現象有兩個：一是你會發現自己在這一天，花費較多時間在「移動」，例如開車或搭乘大眾運輸工具，往返不同地點，拜訪不同的人，有奔波的感覺出現。

二是在這一天，你會突然對一些事情特別好奇，想要了解更多，也會想要在一些進行中的事情上，有更進一步的超越與突破。

在這一天裡，有三個適合調頻與擇日共用的好方法：一是靜心冥想，練習在不同的畫面中穿越；二是安排出差，或到不同地方工作，重要的是，在移動過程中保持內在的穩定。三是安排學習新的事務，接觸新的體驗。

◎ 紅天行者的可愛清單 ◎

・愛嘗試新事物、嘗鮮、變來變去。

・喜歡去新開幕的店家。

・愛好特別的人事物，會說：「這好特別喔～」

・很好揪，跟他一說「走！」就可以出發。

・喜歡旅行、要動來動去的行程。

・無法呆坐在一個位置上太久。

・沒辦法一直停留在某種固定狀態中。

・沒接觸過，沒聽過、沒體驗過的事，越會引發他的好奇心。

◎ 如何打動紅天行者的心 ◎

· 跟紅天行者一起體驗各式不同的新活動。
· 陪紅天行者一起靜心冥想。
· 超怪的人事物會特別吸引紅天行者。
· 送紅天行者新發明的好物。
· 剛上市的物品,最適合當紅天行者的禮物。

◎ 紅天行者的組合盤 ◎

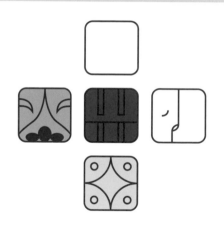

◆ 紅天行者與白世界橋互爲支持

　　白世界橋能幫紅天行者加分,白世界橋的能量是跨接兩端的橋樑,支持紅天行者前往不同的空間,連接不同的人、事、物,在探索各種新鮮事物的過程中,白世界橋負責協助溝通斡旋,幫忙跨越與連接,

替紅天行者的能量大大加分。(可搭配參考「白世界橋」組合盤支持的內容)

◆ 紅天行者與藍夜互爲挑戰擴展

　　藍夜幫助紅天行者擴展能量,挑戰不熟悉的自己。藍夜掌管夢想的力量,也握有潛意識內在與外在豐盛的力量。

　　夢想與豐盛,讓紅天行者在探索生命的旅程中,學會相信自己的直覺、信任自己是無限豐盛的,也更能無拘無束地自在探索生命。(可搭配參考「藍夜」組合盤挑戰擴展的內容)

◆ 紅天行者與黃星星互爲隱藏推動

　　黃星星是紅天行者的隱藏力量,因此紅天行者本身也同樣具備美感,喜歡如藝術般的美麗事物。

　　黃星星能讓紅天行者在奔波忙碌、移動穿越的過程中,保持優雅的頻率,也能在靜心中透過音樂與藝術的形式,接收更多靈感。(可搭配參考「黃星星」組合盤隱藏推動的內容)

◆ 紅天行者圖騰的引導

1點家族：1點家族的紅天行者，具有雙倍的力量，專注活出主印記圖騰的力量。特別自主，自己決定自己要探索什麼，要體驗什麼。自己的人生，由自己來引導。

2點家族：引導是紅蛇，協助紅天行者朝著夢想實踐的道路，特別適合進行身體能量的探索，學習對身體的覺察與關照，從事照顧身體的工作，包括中醫、健身、養身等等。

3點家族：引導是紅地球，對於天然的東西都特別有感覺，接受大自然給予的指引，接觸水晶、旅行、身處於大自然裡，都是接收訊息的方式，在大自然裡靜心也非常適合。

4點家族：引導是紅月，有療癒師的天賦特質，能引導自己和他人的情緒流動，具備同理心、感同深受的敏銳度及敏感度。適合結合靜心做情緒療癒。

橫線家族：引導是紅龍，對於古文明和古老智慧格外有好奇心。這個家族如果需要協助，可以透過塔羅牌、馬雅13月亮曆法等古老智慧獲得指引，或透過家人長輩的分享跟交流，能從中獲得一些指引。

▓ 紅天行者的圖騰靜心引導詞 ▓

1. 做幾個深呼吸，輕輕吸氣，把注意力放在左手無名指。
2. 慢慢深呼吸，先做一個吸氣，吐氣時，做一次馬雅金字塔的旅程。想像眼前出現一座金字塔，你站在金字塔的最下方的左邊，看著眾多的階梯。
3. 以Z字型往金字塔上方移動，感覺自己往右上方斜對角的位置，慢慢走上去。從最左邊爬上階梯，每一步都向右邊移動一點點，來到金字塔階梯右方時，再慢慢往左邊，蛇行地逐漸向上。我們就快接近頂點了。
4. 來到頂端後，做一個深呼吸。站在最上方俯瞰，旁邊有很多森林，你會聽到老鷹的聲音，看見老鷹在空中盤旋，在金字塔最上方找個地方坐下來。
5. 再做一個完整的吸氣與吐氣。準備好，慢慢站起來，一樣以Z字型爬下，用自己的速度，從某一個角落開始，慢慢走到某一端，再慢慢地一步步走下來。
6. 當你走回地面時，謝謝這座金字塔，感謝與祂的能量連結。
7. 再次完整的吸氣與吐氣，把能量擴展到身體的每一個細胞，當你準備好時，慢慢張開眼睛，把自己完整的帶回來。

靜心祈禱文線上聽 _____

Being timelessly receptive of intuitive knowledge.

SEAL **14**

白巫師
White Wizard

我就是巫師（Wizard），14是我的數字，白色巫師是我的圖騰。停止所有的時間、暫停所有的念頭，跟隨我的心進入無時間的**永恆**，施展並顯化**魔法**，因爲我的**心就是宇宙**，超越時間局限，精通時空的位移，進行星際溝通與**時間旅行**的藝術，就是那巫師的神諭。

關鍵力量

魔法	內心世界	星際溝通/時間旅行
◉擅長領域：魔法學、藥草學、西洋占星、身心靈或宗教相關領域 ◉適合職業與方向：巫師、女巫、占星師、魔法儀式執行者	◉擅長領域：靈性彩油、人生整理術、心理學、榮格分析學派、潛意識投射牌卡、探討人生之信念情緒行為模式對應之範疇、自我觀照或與內心對話的相關領域 ◉適合職業與方向：靈性彩油諮詢師、整聊師、心理諮詢與治療師、身心靈修煉者與分享者、文字工作者	◉擅長領域：各種靜心冥想的系統、星際銀河相關領域探索、光的課程、開啟光體、連結大我或更高次元等靈性課程、催眠與時間線回溯 ◉適合職業與方向：靜心修煉與帶領者、冥想課程帶領與分享者、催眠師

課題——透過內在的力量，顯化生活中一切的可能。

能力關鍵字——◎**施展魔法 Enchants**：靜心祈禱、真心祈願或做儀式，觀想願望成真的畫面。◎**接收 Receptivity**：看進自己的心，以內在心靈意識接收一切的答案。◎**永恆、無時間 Timelessness**：沒有時間的限制，能接收並施展來自未來的魔法。

◎ 本質 ◎

白巫師是卓爾金曆上的第十四個圖騰，對應馬雅的星際原型是「巫師」。

「14」是它的數字（序號），也是我們生命中要學習的第十四個主題：施展魔法。

白巫師的圖騰形象很可愛，你不妨觀察身邊白巫師的人，往往真的就是笑咪咪的形象。白巫師圖騰的頭頂好像有一個接收器（天線），讓巫師可以閉起眼睛，靜心冥想。

如果說紅天行者掌管的是「空間」，是穿越空間的人；白巫師掌管的就是「時間」，是穿越時間的人。

在20個圖騰中，最需要也最喜歡靜心冥想的，就是紅天行者和白巫師（紅天行者穿梭次元與空間時，閉起眼睛冥想，在內在找到穩定的力量）。白巫師的天賦特質，是透過閉起眼睛靜心，接收內心答案，因為巫師知道，在內心世界能不受時間的限制，心能創造超越時間的魔法。

因此，巫師「施展魔法」的力量也就是在自己的「心」，心擁有一切的答案，唯有心的力量（心念）能夠顯化一切，所以魔法才有立即實現的可能。

在相關印記擁有白巫師能量的

人，適合學習或帶領人們穿梭時間的心理探索（例如時間線回溯、生涯輔導），以及學習魔法、靜心、冥想等等，包括魔法油、魔法工具的運用，也可以從事相關服務的工作。

◎ 課題與小提醒 ◎

白巫師所遇到的生命課題有兩個，一是學習「跳脫線性時間的制約及限制」，讓自己練習在時間安排上保持彈性與放鬆。

能量不到位的白巫師，可能有兩個極端，一是缺乏時間觀念、容易遲到；一是時間控，行程滿檔，把時間抓得太緊，過於在乎流程順序。

二是學習「心向內、不外求」，透過內在的覺察與意念的調整，讓注意力從「關注外在」轉回「關注內在」，觀察心的意念，練習問自己，發生這些糾結的事情，內在經歷了什麼情緒感受？為何自身會發生這樣的事情，這些經歷究竟想引導自己學習什麼？如此才能夠正確地運用心的能量，聚焦在正確的人事物上。

◎ 白巫師的日子 ◎

在白巫師日，意念成真的狀態特別快速，當自己一動念，一有畫面或念頭，很容易就共時發生。常常也會在這天，聽到有人發票中獎或其他意外驚喜的好消息。

在白巫師日，適合調頻與擇日共用的方法，是進行許願儀式、魔法靜心小儀式、畫胡娜庫與宇宙能量連結，或是向宇宙許願下訂單，這些都適合在內在觀想自己渴望的畫面成真，並在心中送出感謝的能量，讓願望顯化成真。

◎ 白巫師的可愛清單 ◎

・喜歡放空。
・喜歡從事宗教活動，或靈性服務。
・喜歡有自己的異想世界，別人不太懂也無所謂。
・常會在自己內心世界想像著各種可能性的演變、創造、發展狀況，想著想著就成真了。
・喜歡與內在對話、接收內心訊息與生命答案，轉念能力強大。
・內心想像帶來超強的創造力，有驚人的內在力量。

・喜歡各種靜心活動，閉起眼睛安靜
下來，是最能獲得與宇宙連結的大
好機會。

◎ 如何打動白巫師的心 ◎

・與白巫師一起靜心。
・好奇探問白巫師：「你放空的時候
都在跑些什麼畫面呢？都在想些什
麼呢？」
・與白巫師談論內心世界。
・送白巫師靈性書籍、魔法相關產
品。
・與白巫師相處時，帶著極高的專注
與陪伴品質，讓白巫師感受到當下
就是永恆，時間怎麼這麼快就過去
了！

◎ 白巫師的組合盤 ◎

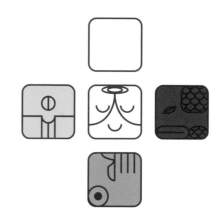

◆ 白巫師與紅蛇互為支持

紅蛇是白巫師的加分力量，能
協助白巫師看見內在必須蛻變的部
分，把那些陳舊的意識釋放掉，讓
紅蛇協助白巫師能蛻變，增長生命
力。透過往內心的覺察，去看清楚
哪一些是「不再能支持我們、不再適
合此刻的生命」的想法，統統都退
掉。(可搭配參考「紅蛇」組合盤支
持的內容)

◆ 白巫師與黃種子互為挑戰擴展

黃種子能幫助白巫師擴展能量，
挑戰不熟悉的自己。協助白巫師閉
起眼睛，透過心思意念創造並顯化
魔法時，更能清楚目標，看見內在
無限的潛能，耐心等待開花結果的
到來。(可搭配參考「黃種子」組合

盤挑戰擴展的內容）

◈ 白巫師與藍手互為隱藏推動

藍手是白巫師的隱藏力量。藍手的能量是親自動手做，透過編織、釀魔法油等手作，連接魔法的力量，把內在的意念實踐出來，而非空想。同時，把白巫師內在觀想的畫面，透過具體的行動執行力，讓宇宙的能量和宇宙的頻率加乘。（可搭配參考「藍手」組合盤隱藏推動的內容）

◈ 白巫師圖騰的引導

1點家族：1點家族的白巫師，具有雙倍施展魔法的力量，只要能專注活出主印記圖騰的力量，相信內在有一切的答案。對自己夢想實踐的過程有所疑惑時，找人談談說說話，再次把注意力轉回自己的內在，就能發揮強大的生命力。

2點家族：引導是白世界橋，這個家族的白巫師有著連接天地的管道。巫師的「巫」這個字就代表「人」，放在中間，「天、地、人」，讓三者的能量頻率順暢到位。

3點家族：引導是白鏡，這個白巫師是能夠看得最清晰的，是一面生命的放大鏡。不只是看見內心，更是看見宇宙當中的法則是什麼，就是一個透過心念去創造一切可能的法則。

4點家族：引導是白狗，這一個白巫師家族是特別有愛的，能量是很溫暖的，透過愛自己、忠於自己的心，能夠引領我們朝向生命當中更大的可能性，更高境界的自己前進。

橫線家族：引導是白風，透過與他人說話與溝通的過程，獲得指引的訊息。也適合擔任心靈相關內容的傳遞分享，成為講者或教學者，協助白巫師壯大邁向夢想的力量。

▨ 白巫師的圖騰靜心引導詞 ▨

1. 閉上眼睛，慢慢吸氣，慢慢吐氣，把注意力放在左手小指頭。

2. 一樣把注意力再次放到心輪，用心去感受現在生活裡想要顯化什麼？想要在哪些事情施展魔法？白巫師知道自己的心與內在。心中的願力，就是魔法的根源。

3. 巫師閉起眼睛、微笑，正是因為他明白能夠從自己的心找到一切的答案，知道萬象物質的顯現都是內在一切的發生。

4. 再問一次自己，現在想顯化什麼？想要創造什麼？每一個呼吸都能帶領自己進入當下。或許想要做的這件事情是在不久的將來，也許是半年後、一年後，不管多少時間，它都會因為內在的運作，以加速的方式來到身邊，在你的生活裡實現。

5. 再次完整吸氣與吐氣，把能量擴展到身體的每一個細胞，當你準備好時，慢慢張開眼睛，把自己完整的帶回來。

靜心祈禱文線上聽 ＿＿＿＿＿＿＿＿＿＿＿＿＿＿＿＿＿＿＿＿＿＿＿＿＿＿＿

Creating vision of the universal mind.

SEAL **15**

藍鷹
Blue Eagle

我是觀察者（Seer）、洞悉者，我是觀看者，15是我的數字，藍色的鷹是我的圖騰。我的家在那無盡的天空裡，通過飛近我們的太陽父親而發展出**廣闊的視野**。藉由我那清晰的**心智意念**、洞察力，跨越次元與時間轉換，我能**創造未來**。藉由創造性的心智穿越宇宙時空，我向所有的時間次元敞開。

關鍵力量

視野

●擅長領域：心智圖、策略分析、辯論、另類思考、腦力激盪，能以多面向來思考的相關領域

●適合職業與方向：偵探、觀察員、審查員、智囊團、提出建議方針者、預言家、趨勢分析師

心智意念

●擅長領域：設計相關、廣告文案、整合行銷、教育領域相關

●適合職業與方向：創意工作者、統籌者、整合事物的人、人力資源、星探，能把適合的人放在適合位置

創造

●擅長領域：能把內在的心智意念轉化為實際行動、創造出來的相關領域

●適合職業與方向：產品設計師、藝術家、計畫執行者

課題——提高自己看事情的高度及格局。

能力關鍵字——◎**創造 Creates**：看見關於未來遠見的計畫，並落實執行計畫。◎**心智 Mind**：從心智而來的清晰意念與觀察力。◎**視野洞見 Vision**：我能看得更遠，我能看到事情當中不同的面向、不同角度的觀點。

◎ 本質 ◎

藍鷹是卓爾金曆上的第十五個圖騰，對應馬雅的星際原型是「觀照者」。

「15」是它的數字（序號），也是我們生命中要學習的第十五個主題：創造。

藍鷹的圖騰，看起來就像是擁有清晰明亮的鷹眼，藍鷹的家在無窮無盡的天空，藉由清晰的意念，飛向寬廣的天空，看見更高的視野，站在更高的格局創造，創新的行動因而產生。

藍鷹以觀照者為象徵，是觀察萬物的犀利眼光，具有洞察力，也是洞悉世界與本質的人，這也是藍鷹人的天賦，能從不同的角度清楚看見事情的立體全貌，探究各種可能性與觀點，寫下關於未來的計畫。同時，執行也是很重要的，避免高談闊論而不切實際的想像。

藍鷹人具備的能量雖然能夠帶來更高的格局，但偶爾還是會出現短視近利的狀況，所以即便藍鷹人本身的能量就具備優勢，但還是得時時刻刻提醒自己，要練習看得遠、想得遠，或從不同的角色來換位思考，甚至，有時候退一步，收穫會更多。

在相關印記擁有藍鷹能量的人，適合在群體中擔任領導、智囊團、統籌者、整合事物的人，也能夠把適合的人放在適合的位置。

◎ 課題與小提醒 ◎

藍鷹所遇到的生命課題有兩個：第一是練習從第三方的角度來觀察自己，不是只看到自己所處位置的觀點，練習讓自己拉出新高度，可以做些創新的行動，用創新的方式思考。學習如何提升格局、換位思考，看清楚事情的不同面向。

第二，除了練習看見開闊的視野，也要練習看得深遠而後動。

若藍鷹能量還不到位，會有以下幾種可能：一是只考慮眼前的利益；二是只考慮到大方向而容易忽略細節。學習廣度與深度兼顧，並且把這樣的洞見落實在具體的行動上！

◎ 藍鷹的日子 ◎

在藍鷹日，會發生的共時現象有兩個：第一是會感受到生活中的輕盈感，有向上提升的感受，或許會有些事情讓你重新思考，產生新的思維，讓自己像老鷹一樣，輕鬆飛翔；第二是感覺到自己能特別觀察到平常沒有注意的細節。

在藍鷹日有三個適合調頻與擇日共用的方法：一是登高望遠，安排去山上走走，透過眺望城市，讓自己調頻、提升到新維度；二是進行回顧過去、盤整總結、展望未來的整理或主題討論；三是與工作伙伴或好友相聚，討論新計畫與擬定實際執行策略。

◎ 藍鷹的可愛清單 ◎

· 喜歡爬山、往高處去、高山型人種。
· 偏好高海拔地區的旅行。
· 喜歡飛翔的活動。
· 喜歡有視野的環境、住宿或買房窗外要有景。
· 很愛規劃、構思下一步。
· 偶爾喜歡冷眼旁觀、抽離看事物。
· 喜歡說：「我再想看看還可以怎麼做。」
· 很愛換眼鏡、喜歡有多副眼鏡。
· 遇到短視近利的人會猛翻白眼。

◎ 如何打動藍鷹的心 ◎

· 跟藍鷹一起去高山旅行。

· 送藍鷹行事曆、筆記本、計畫本。

· 送藍鷹眼鏡、太陽眼鏡。

· 藍鷹喜歡眼睛很美的人（會覺得是有靈魂的人）。

· 藍鷹喜歡思考觀點很多元的人（會覺得這樣能擴展自己的視野，能成長很開心）。

◎ 藍鷹的組合盤 ◎

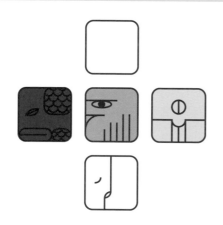

◈ 藍鷹與黃種子互為支持

黃種子能幫藍鷹加分，讓藍鷹更清楚自己的目標，給予耐心等待的支持，看見自己內在的潛能，不必急於一時，成果會慢慢展現出來。老鷹飛到天空中看清楚後，種子就能落地扎根，落實藍鷹的遠見。（可搭配參考「黃種子」組合盤支持的內容）

◈ 藍鷹與紅蛇互為挑戰擴展

紅蛇能幫忙藍鷹擴展能量，挑戰不熟悉的自己。藍鷹要非常注意身體健康，因為紅蛇是在挑戰的位置，藍鷹的眼睛會把注意力放在外面的環境、目標放在未來，或是正在所做的事情上。

因此藍鷹要更覺察身體的狀態，照顧自己身體的需求，傾聽身體帶來的訊息。（可搭配參考「紅蛇」組合盤挑戰擴展的內容）

◈ 藍鷹與白世界橋互為隱藏推動

白世界橋是藍鷹的隱藏力量，藍鷹人的生命中常會出現關於生離死別的議題，隱藏版的自己要學會放下，看清楚了，就可以放下了，也能跨越過橋。

同時，藍鷹也具有很強的連結能力，連結不同的人事物，也擅長把不同的概念互相靈活的串連起來。（可搭配參考「白世界橋」組合盤隱藏推動的內容）

◆ **藍鷹圖騰的引導**

1點家族：1點家族的藍鷹，具有雙倍的力量。他常常練習用更高維度、第三方的角度來觀察自己。第二個自己是從另一個更高的格局往下看，看看自己在做些什麼，自己在觀察些什麼，看看自己此時此刻在思考什麼，感覺什麼，觀察跟引導自我對話。

2點家族：引導是藍手，藍手的能量就是協助老鷹看清楚方向後，執行和落實。藍手會協助老鷹實踐與創造，指引老鷹在很多事情上，要非常落實的一步一步進行，不能只是盤旋空中、空想。

3點家族：引導是藍風暴，藍風暴特別具備改變跟改革的能量，在面對生命不斷前進與轉化的過程時，不害怕改變，學習看見就要行動、蛻變的能力。如果看見了某個未來的趨勢，便是暗示此時為打掉重練的時機，能加速生命的改變與前進。

4點家族：引導是藍猴，運用遊戲玩耍的能量，善用自己的幽默感，讓很多事情用好玩的方式呈現，讓藍鷹在遊戲中獲得指引與方向，透過藍猴的引導，讓生命更開闊。

橫線家族：引導是藍夜，特別需要聚焦在豐盛的頻率上，也是特別重視夢想的力量。勇敢的做夢、追尋夢想，讓豐盛能量引領藍鷹飛得更遠。而藍夜夢想的特質，對藍鷹會帶來更大的開展。

▨ 藍鷹的圖騰靜心引導詞 ▨

1. 閉上眼睛,先做幾個深呼吸,把呼吸放在左腳拇趾,輕輕吸氣,再慢慢吐出來。

2. 藍色也代表了轉化與改變的力量,能讓某些事情進行調整與變化。現在把注意力放在頂輪,藍鷹接收來自上天的訊息,感覺在眉心的地方,有著藍鷹能量銳利的眼睛,協助我們不只看到表象,還能看進核心,看見平常可能沒有注意到的地方。

3. 感覺自己站在高山上,化身老鷹,張開翅膀在空中盤旋,俯瞰地面、湖面與海面,有沒有獵物、目標或想停留的地方?找到之後,張開翅膀飛向那裡。

4. 慢慢深吸一口氣,把這樣冷靜、平靜的觀察力與力量,再次帶回身體。

5. 再次完整的吸氣與吐氣,把能量擴展到身體的每一個細胞,當你準備好時,慢慢張開眼睛,把自己完整的帶回來。

靜心祈禱文線上聽 _____

Questioning fearlessly, and intelligently.

SEAL **16**

黃戰士
Yellow Warrior

我是開創者（Pathfinder），16是我的數字，黃色戰士是我的圖騰。我展現了**無所畏懼**的品質，我能面對內在的恐懼、對智慧**發問**、對生命提出疑問，勇敢面對一個個迎面而來的問題。我能明亮清晰地看見自己的**真實面貌**，發展出生命的**智慧**、打開所有的道路。

關鍵力量

解決問題

◎擅長領域：幫助人們解決各種大小問題、為民服務之領域
◎適合職業與方向：解決問題專家、客服人員、醫療人員、法律顧問、心理諮詢相關工作、抓漏專家、工程師、里長伯

無畏無懼

◎擅長領域：教開創新事物的部門、捍衛發聲、爭取權益、發起或召集某項新事物
◎適合職業與方向：旅遊業行程包裝師、研發部門、市場調查員、客戶與市場開發

發問

◎擅長領域：訪談技巧、問話與引導相關範疇、媒體傳播、新聞產業
◎適合職業與方向：記者、文字工作者、主持人、心理諮詢引導

課題──直面問題，將內在恐懼轉化成勇敢無懼。

能力關鍵字──◎**詢問 Questions**：勇於表達並發問，對生命的智慧提出疑問。◎**無懼 Fearlessness**：通過提問和不論結果如何，都能準備好接受答案而得到的智慧，代表無畏之心。◎**智慧理解 Intelligence**：我能看見我內心的確定感與力量，把力量轉向內在，累積生命智慧的答案。

◎ 本質 ◎

黃戰士是卓爾金曆上的第十六個圖騰，對應馬雅的星際原型是「開創者」。

「16」是它的數字（序號），也是我們生命中要學習的第十六個主題：發問。

仔細看黃戰士的圖騰，會發現在盔甲裡頭有個問號的意象，這代表了「戰士的精神」，即便對前方的道路充滿疑惑及不確定，也能無所畏懼地勇敢前進。

我們在生活或工作中常有感到疑惑的時刻，但往往因為恐懼而不敢說、不敢提問。這樣的習慣會導致我們悶著頭一直做，導致做錯或走錯方向了都不曉得。

黃戰士的天賦，就是從發問中得到生命智慧，而且越挫越勇。他在解決問題的過程中，會不斷學習和吸收經驗，讓生命長出更多的經驗值。

因此，透過這些體驗與總結，能把內在的勇氣及能量發揮得更好。為自己開創道路的力量，就是去面對內在的恐懼，進而清除不安焦慮，成為真正的拓荒者。

在相關印記擁有黃戰士能量的人，適合從事協助他人解決問題的

工作，例如服務業、心理諮商或企業諮詢，或是在公司開拓新市場時擔任職位。

◎ 課題與小提醒 ◎

黃戰士所遇到的生命課題，有兩個層面：一是修煉關於「解決問題」的能力，如上所述，面對問題時，除了要勇敢提問，提出心裡的想法與他人進行確認之外，更重要的是直接面對問題進行解決，減少猜測與懷疑的過程，直接採取行動，找出解決方法。

第二個課題是緊扣著第一項而來的，練習的是「勇敢面對」，面臨生活中的挑戰與考驗，要有勇氣去成長改變，學習如何勇敢，給予自己力量，以及無畏無懼的放下，勇敢跨越困難並且往前走。

◎ 黃戰士的日子 ◎

在黃戰士日，會發生的共時現象是，需要解決的問題會出現在眼前，或許這些問題已存在一些時日了，而在黃戰士的這一天，我們要去回應這些問題，思考如何解決問題。

在黃戰士日有兩個適合調頻與擇日共用的方法：一是舉行各種會議，進行各種討論或檢討，大家一起面對及解決問題。

二是如果有一些分享或課程會在這一天舉辦，可以選擇「勇氣、勇敢、生命戰士」的主題，或是在相關課程中多安排「討論提問Ｑ＆Ａ」的環節。

◎ 黃戰士的可愛清單 ◎

· 對不公義的事情會抱不平。

· 路見不平拔刀相助，喜歡當俠女。

· 會喜歡問「為什麼」，口頭禪是：「是這樣嗎？」

· 對事情喜歡提出質疑、愛好辯論。

· 遇到問題時，整個戰士能量就活起來了！激發戰鬥力～

· 會保護自己、捍衛自我權益與主張。

◎ 如何打動黃戰士的心 ◎

- 與黃戰士一起進行問與答的對話，例如：關於自己的50問。
- 能夠幫你解決問題，黃戰士就會獲得成就感與開心滿足的感覺。
- 可以徵詢黃戰士的意見與想法，黃戰士會提出不錯的解決方案與多種可能性的選項。
- 交付給黃戰士去完成一件事或一個專案。
- 感謝黃戰士：「你真是幫了我一個大忙呢！」

◎ 黃戰士的組合盤 ◎

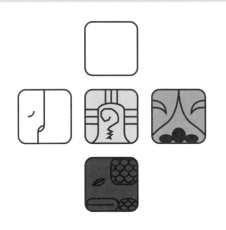

◈ 黃戰士與藍夜互為支持

藍夜能為黃戰士加分，越是勇敢，越能將夢想顯化成真。藍夜告訴黃戰士，別忘了還有夢想，別忘了你是豐盛的，不要懷疑自己，在人生道路上勇敢的往前走吧！（可搭配參考「藍夜」組合盤支持的內容）

◈ 黃戰士與白世界橋互為挑戰擴展

白世界橋能為黃戰士擴展能量，挑戰不熟悉的自己。白世界橋能協助黃戰士放下執著，而在看到夢想與熱情時，就勇敢往前跨越吧！透過與他人連結，能一一跨越各種難關。（可搭配參考「白世界橋」組合盤挑戰擴展的內容）

◈ 黃戰士與紅蛇互為隱藏推動

紅蛇是黃戰士的隱藏力量，也是生命的燃料。容易忽略身體健康的黃戰士，更要去關照身體給自己的每個回應，例如感到恐懼時，身體就出狀況，那是因為生命當中有太多的懷疑。所以，紅蛇再一次提醒黃戰士：有找到生命的熱情了嗎？找到活出熱情的能量了嗎？勇敢去追求吧！（可搭配參考「紅蛇」組合盤隱藏推動的內容）

◈ 黃戰士圖騰的引導

1點家族：1點家族的黃戰士，具有雙倍的勇氣力量，透過自己生命

引領，以及他人的生命智慧，提供自己更多勇氣和力量的指引。當我們在某些時刻感到困住、無法解決問題時，黃戰士可以透過與別人討論，去引發內在更多的智慧的力量。鼓勵1點家族的黃戰士多提問討論，而自問自答也是重要的過程，可以引發內在智慧的動力。

2點家族：引導是黃星星，特別喜歡音樂、藝術等充滿美感的活動，透過聽音樂而獲得指引的靈感，也很適合從事網際網絡與線上平台等符合黃星星頻率的工作。不妨把黃星星的工作內容和天賦拿來這裡運用，夢想的方向會越來越清晰。

3點家族：引導是黃太陽，這樣的黃戰士在人生當中會累積不少鍛鍊而來的智慧，黃太陽指引了光芒與方向，等待戰士覺醒與開悟，為自己發光發熱，協助每一個人成為勇敢的生命戰士並前進。

4點家族：引導是黃人，特別熱愛自由的黃戰士，因著這個追尋自由的能量，讓他能更勇敢，能夠為自己做出不一樣的決定。以自由為引

導前進的力量，渴望活出全然的自由，所以更有勇氣去負起責任。

橫線家族：引導是黃種子，黃種子的能量讓黃戰士學會耐心，需要指引時，要先給自己足夠的時間去探索目標，看到自己內在無窮的潛能，允許在生命歷程裡慢慢為自己扎根，種下種子，成熟時自然綻放生命的果實。

▨ 黃戰士的圖騰靜心引導詞 ▨

1. 閉上眼睛，準備連結戰士的力量。先把注意力放在左腳食趾，在這裡吸氣、吐氣。

2. 再次把能量放進心輪，感受內在生命戰士的動力。吸氣、吐氣之際，召喚內在戰士的原形，有一個勇敢、為自己發聲、為自己戰鬥並挺身而出的力量。

3. 試著問自己：能夠真實地提出內在想法嗎？勇敢提出困惑、內在的質疑，透過生命的體驗，在面對與問題之中，找到徵兆與智慧。

4. 在靜心中，可以觀想一個目前生活中想要解決的問題來到畫面裡，並且邀請內在戰士與它面對面，你看到自己真實勇敢地解決問題，給予自己鼓勵。

5. 再次完整的吸氣與吐氣，把能量擴展到身體的每一個細胞，當你準備好時，慢慢張開眼睛，把自己完整的帶回來。

靜心祈禱文線上聽 _____

Navigating synchronistically for the evolution of all.

SEAL 17

紅地球
Red Earth

我是導航者（Navigator），17是我的數字，紅色地球是我的圖騰。我能跟隨**地球母親**心電感應的頻率，信任**共時性**的力量，描繪出自我導航的生命地圖。運用**自然元素**，透過腳踏實地、落地扎根及臣服順流，走出自己的道路。

關鍵力量

地球母親

◉擅長領域：植物學、森林系、地球科學、照顧大自然的相關領域、旅遊業、航空業

◉適合職業與方向：環境保護人員、導遊領隊、國家森林地區工作、空服人員

自然元素

◉擅長領域：自然療法、薩滿系統、水晶療癒、礦石研究、精油、花精、靈性彩油

◉適合職業與方向：各種能量療法的治療師、有機蔬食相關行業

共時導航

◉擅長領域：開導他人生命方向的領域，協助他人認出生命共時的身心靈系統

◉適合職業與方向：教師、靈性引導者、給媒介與提供方法的人、擺渡人

課題——順流、臣服，打開生命的導航系統，認出生命的共時頻率。

能力關鍵字——◎**發展 Evolves**：讓生命持續進化與成長，一切都在神聖秩序中，如此生生不息。◎**共時 Synchronicity**：能發現生活中處處蘊藏著宇宙的巧思，認知到生命中存在著同頻共振的力量，透過人事物的微妙安排，讓自己學習臣服。◎**導航 Navigation**：透過共時的觀察，信任自己生命所給予的指引地圖。

◎ 本質 ◎

紅地球是卓爾金曆上的第十七個圖騰，對應馬雅的星際原型是「導航者」。

「17」是它的數字（序號），也是我們生命中要學習的第十七個主題：開展。

仔細看紅地球的圖騰，也會發現問號的意象，但這個意涵與黃戰士的「疑問」是不一樣的，這裡的問號，代表「對地球上的一切感到好奇」，想要了解以及探索。

紅地球人的特質，就像是星際的導航者，因為他們天生就配備了地球母親的GPS系統，握有星際方向盤，而指引方向的重要元素，就是生活中發生的共時徵兆，進而信任、臣服與開展。

紅地球人的天賦特質與土地的連結非常強，對自然的相關產物以及可運用的療癒方法，都會特別感興趣，例如與水晶、礦石、植物等相關的自然療法，也適合在自然環境裡進行療癒，特別可以釋放壓力。

同時，紅地球人也會想要去世界各地看看，這都是因為他們對地球的好奇心，想藉由旅行，窺見地球的真貌。

紅地球人通常也會比較重視食衣住

行、吃穿用度是否取材於自然，他們喜歡選擇天然或有機的產品與食物，非常重視衣服布料的生產過程，包含自然農法、對地球友善所生產製造出來的物品、農作物等等，都是紅地球人對地球的愛。

在相關印記擁有紅地球能量的人，適合從事旅遊業、水晶礦石相關工作、天然飲食相關行業、環保等。

◎ 課題與小提醒 ◎

紅地球所遇到的生命課題，是要學習「臣服」。

臣服的意思是順應生命的流動，不是認命，也不是放棄努力，而是讓自己全然的在當下，去接受所有的發生。特別是我們遇到困境時，常會感到自己像是活在逆流之中，產生很多抗拒與批評，甚至怨天尤人、抗拒與掙扎。

而能夠帶領我們回到順流之中的方法只有一個，就是臣服於當下，無條件的全然接受，能夠再次引領我們回到當下，緊接而來的就是採取積極行動，帶領自己脫離困境。

◎ 紅地球的日子 ◎

在紅地球的日子，你會感覺到似乎無法一直待在室內，會有很想外出的感覺，想要往外跑、出去玩。順應當下的能量，如果可以，安排外出行程，去感受一下地球對你的召喚。

在紅地球日有三個適合調頻與擇日共用的方法：一是前往大自然的環境進行療癒，包括脫掉鞋子接地氣、抱抱大樹、踩草皮，多做深呼吸，讓吐氣的能量釋放給大地，成為地球的養分；二是安排旅行，滿足我們對於地球上不同地點的探索與好奇；三是做一些愛護地球的活動，例如去海邊淨灘，或是各種與環保相關的小活動，也很適合安排在這一天。

◎ 紅地球的可愛清單 ◎

· 喜歡走向大自然、踏青。
· 天然的東西最好、偏愛天然用品與大自然食材。
· 喜歡看中醫、研究自然療法。
· 喜歡旅行、在世界各地探索。

- 喜歡水晶礦石、不知不覺收藏了很多水晶。
- 喜歡遵循自然運作法則、節氣、月亮週期。

◎ 如何打動紅地球的心 ◎

- 陪伴紅地球來一趟大自然的旅行。
- 送天然的東西，最得紅地球的歡心，像是健康又好吃的食物、水晶礦石、植栽。

◎ 紅地球的組合盤 ◎

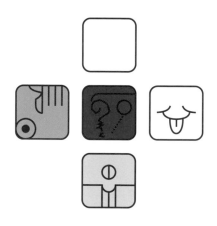

◆ 紅地球與白風互爲支持

白風能幫紅地球加分，當你在世界各地旅行，跟世界各地不同的人互動，有一個很重要的關鍵，就是溝通，並傳遞內心想要說的話，分享自己的生活經歷。當然，還有美食也是一大重點，享用美食、交談溝通等等，都是可以幫紅地球加分的力量。(可搭配參考「白風」組合盤支持的內容)

◆ 紅地球與藍手互爲挑戰擴展

藍手能幫忙紅地球擴展能量，挑戰不熟悉的自己，並打開更大的可能性。紅地球加上藍手，可以做水晶療癒師、園藝療癒師，或是進行跟大自然頻率有關的手作，例如手工皂等等，把在地球生長的產物，透過創作而做出更多變化。(可搭配參考「藍手」組合盤挑戰擴展的內容)

◆ 紅地球與黃種子互爲隱藏推動

黃種子是紅地球的隱藏力量。紅地球的人必須去學習順流和臣服，若能臣服於順流的頻率，知道現在不要急，順著能量流感受上天是怎麼樣安排的，然後耐心等待開花結果。而在過程當中，除了等待，也一邊綻放生命的花朵，投入令自己充滿熱情的事物，觀察共時跟生活當中發現的一些現象，生命自然就能開展出新的道路。(可搭配參考「黃種子」組合盤隱藏推動的內容)

◆ 紅地球圖騰的引導

1點家族：1點家族的紅地球，具有雙倍的力量，在生命中認出共時與導航的能量，自然就能夠更加順流和臣服，並觀察到很多事情其實在生命當中自有安排。

2點家族：引導是紅月，特別能夠引領我們在大自然裡進行情緒療癒與釋放，有療癒師的特質，能夠引導自己和他人的情緒流動，擁有同理心、感同深受的敏銳度及敏感度。

3點家族：引導是紅龍，能夠協助探索古老的智慧，例如探索地球上的古文明與古蹟，或是去一些古蹟聖地拜訪與旅行，都很適合這個家族。

4點家族：引導是紅天行者，喜歡在移動的過程當中，用靜心冥想協助自己回到內在更穩定的扎根。地球母親的「彩虹橋靜心」，很適合當日或這組頻率能量的人在生命當中多加運用，常做靜心冥想，在穩定中扎根得更穩。

橫線家族：引導是紅蛇，指引我們在生活裡去從事激發自己熱情的事。當你在做這些事情時，真的感覺到怦然心動了嗎？有引發生命活力嗎？要非常注意身體給予的訊息，紅蛇作為引導的紅地球，多吃天然食品，不吃再製加工或化學食品，是這一組頻率要特別注意的。

▓▓▓ 紅地球的圖騰靜心引導詞 ▓▓▓

1. 閉上眼睛，將注意力放在左腳中趾，讓我們與地球母親連結。眼睛閉起來，在左腳中趾的紅地球的位置，輕輕吸一口氣，再慢慢吐出來。

2. 一樣把注意力放在地球母親的心輪，做一個深呼吸，進入心的空間，連結地球母親的核心，感覺自己坐在地球正中央，地球母親環繞著你，以及你的整個心輪。在你的心輪空間裡，擁有了地球母親的高山、湖泊、海洋，所有一切豐盛的資源。

3. 吐氣時，心輪再次完全擴展，從我們的心釋放出彩虹般的光芒，一直往上到達喉輪、眉心輪、頂輪。

4. 接著，這道散發彩虹光的瀑布，從我們的頂輪擴散下來，環繞整個地球母親的能量場，整座地球與你的整個身體，都被彩虹的光芒包圍，你整個人的能量場都變成彩虹光，這道能量一直往下，來到海底輪，也就是地球的南極。

5. 這道彩虹噴泉從地球南極、你的海底輪繼續往上，延伸至脊椎中柱、海底輪、臍輪、胃輪，一路再回到心輪，往上的同時吸氣。

6. 繼續往上來到頂輪，在虹光來到頂輪時，做一個完整的吐氣，再次覆蓋整個能量場，你可以從內在感受外圍被這樣的光所環繞，地球母親的彩虹網格閃閃發光。

7. 再次回到我們的心，把所有彩虹的光吸進來，吐氣時再次擴展心輪，把能量擴展到身體的每一個細胞，當你準備好時，慢慢張開眼睛，把自己完整的帶回來。

靜心祈禱文線上聽 _____

Reflecting the endless order of all that is.

SEAL 18

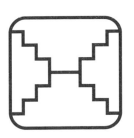

白鏡
White Mirror

我是瑜伽士※（Yogi/Yogini）、修行者，18是我的數字，白色鏡子是我的圖騰。我握有宇宙鏡照的鑰匙，能清晰地看到事物原貌與真相。**靜心**於內在神性殿堂，**無窮無盡**地反映出**自我的投射**。我能**接納自己**所有的一切，接受並臣服。

關鍵力量

靜心

◉擅長領域：靜心冥想、各種修煉系統、宗教、心理學、身心靈領域

◉適合職業與方向：尋求真理的人、將所學實踐於生活中的人、實修實證的修行者

清晰照見

◉擅長領域：看見核心與深度，能還原真相的，包括財務與金錢相關領域

◉適合職業與方向：靈魂回溯引導師、歷史記錄者、法律軍警、辦案相關工作、會計財務工作

投射與接納

◉擅長領域：對人性有敏感度、幫助他人疏理內心脈絡、面對且轉化黑暗脆弱與不完美

◉適合職業與方向：心理學家、心理諮詢與治療師、身心靈引導者

課題——如何靜心關照自己，接納自己的一切。

能力關鍵字——◎**反射 Reflects**：出現在面前的人事物，都是我內在反照出來的一部分。◎**秩序 Order**：宇宙有其秩序，真實照見一切，觀照自己並接納所有。◎**無窮無盡 Endlessness**：反射是無窮無盡地一直循環著，從內心到外在、從外在又回到內心。

※ 瑜伽是梵文 Yoga 的音譯，意為「相應」，亦即「澈見本初心」；瑜伽士在梵文稱 Yogi，即是「澈見本初心之義者」。「本初心」亦即「佛性」，簡單來說就是「覺知」。古老的印度社會稱男瑜珈修士為 yogi，稱女瑜珈修士為 yogini。

◎ 本質 ◎

白鏡是卓爾金曆上的第十八個圖騰，對應馬雅的星際原型是「瑜伽士」。「18」是它的數字（序號），也是我們生命中要學習的第十八個主題：反射。

觀察白鏡圖騰，會發現圖騰裡的圖像，上下左右都是對稱的，這象徵了整個宇宙就是一個鏡像次元，世上的一切都是鏡像反照。透過我們生活事件的修煉，能明白一切物質都是我們的投射反照，這就是瑜伽士，也是白鏡人的特質。

因此，白鏡人要能先清晰看見自己，明白所有來到眼前的一切人事物，都是自己的反射，才能夠接納自己的一切，同時得以接受並清晰看見他人。

當白鏡人能夠如此接納自己的所有，就能無窮無盡昇華，成長至新的高度與境界。

談到白鏡人的天賦，他們是非常能理解人性，容易看清楚一個人的內心狀態究竟為何如此，就像一面魔法鏡，照出一個人內外在的一切。因此，白鏡人非常適合擔任解讀者或諮詢師的角色，能夠幫助他人疏理問題的脈絡，並找出癥結點。

在相關印記擁有白鏡能量的人，

很適合在群體中擔任嚮導、引導者的角色，觀察後能清楚的看見事情原貌並給予建議，並協助大家看見「對方如何扮演自己的鏡子」，照出自己什麼樣的面向，進而能找到新的理解方式。

◎ 課題與小提醒 ◎

白鏡所遇到的生命課題，是關於學習「寬恕自己」這件事。

無法放過自己，往往是因為對於人生完美的標準較高，因此當生活中發生不完美的事情時，便會開始自責與指責他人，因為這些事情發生，破壞了我們對於完美的想像，而對自己有太多的罪咎與懊悔，活在過去的事件裡，也無法真的放過他人。

因此，我們要練習的是在寬恕之前，得先「願意承認黑暗面」，接納人生就是有不好的事、黑暗面與陰影，這些不完美的狀態都是為了讓我們更「圓滿」，就像太極的陰陽與黑白並存，形成真正的生命平衡。

當我們能往內不斷的去擁抱黑暗與光明，內在的力量夠穩定扎根，才能向上不斷成長。

◎ 白鏡的日子 ◎

在白鏡的日子，我們會將原本看不清楚的事情「看清楚」，會看到一些盲點，會看到平常不想承認的人事物，會共時地發生在你面前，讓你承認並且接受這些都是真的！

在這一天，適合調頻與擇日共用的方法如下：試著照鏡子，這會是一個很好的練習機會。不管是什麼態度或狀態，都可以練習好好看清楚自己。

白鏡的日子是一個真實擁抱自己、發現自己，發現真相很好的機會。

◎ 白鏡的可愛清單 ◎

- 喜歡觀察人，是坐在咖啡店裡的哲學家。
- 有時毫不修飾言詞，真實講出真相、赤裸得讓人覺得白目。
- 偶爾太超理性的回應事物。
- 喜歡一直分析別人、剖析事情，但不容易看到自己盲點。
- 成年後的很多行動，都是一直在彌補過去未完成的遺憾，或將自己的夢想投射到他人身上。

◎ 如何打動白鏡的心 ◎

- 在白鏡身邊當一個傾聽者，也就是陪伴者。
- 告訴白鏡，「我不會批判你，你可以放心說出內在最真實的感受與想法。」
- 跟白鏡一起討論事情，讓白鏡自己說著說著就會有答案出現了。
- 可以問些問題，適時讓白鏡知道自己內在是很有力量的，能去面對跟解決困難。

◎ 白鏡的組合盤 ◎

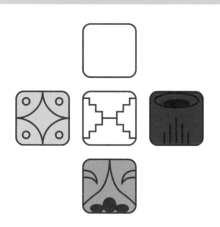

◆ 白鏡與紅龍互為支持

紅龍是白鏡的加分力量，原生家庭就是我們的鏡子，能夠從家庭成員當中去看見內在投射的一切，並且看清楚過往的記憶和原生家庭帶

給你什麼樣的影響？是正向的滋養力量，或是約束和包袱，讓我們覺察並看清楚，這些都與自己的內在有關，而且全部都是要來幫忙自己改變和轉化的。（可搭配參考「紅龍」組合盤支持的內容）

◆ 白鏡與黃星星互為挑戰擴展

黃星星能幫忙白鏡擴展能量，挑戰不熟悉的自己。黃星星的能量可以再次協助白鏡子去看見自己的盲點，以及內在的所有層面。很多白鏡人喜歡音樂或藝術創作，喜歡參與藝術形式的活動，例如繪畫、學習樂器等等，因為透過藝術進行自我探索與療癒，可以更全面且更清晰地發現內在的不同面向。因此，白鏡能看清內在盲點，加上黃星星的藝術媒材組合，可以成為很好的「表達性藝術治療媒材」運用者。（可搭配參考「黃星星」組合盤挑戰擴展的內容）

◆ 白鏡與藍夜互為隱藏推動

藍夜是白鏡的隱藏力量。白鏡人本身是很豐盛的，藍夜則要幫助白鏡好好運用直覺的潛能，把隱藏的潛意識與夢境看得更清晰，把潛藏

的豐盛能量好好聚焦並分享出來。同時，在追尋夢想的過程當中，看清楚自己恐懼的是什麼？害怕什麼？再一次的接納自己，在夢境當中釋放恐懼，都可以推動白鏡更朝向夢想實踐的力量。（可搭配參考「藍夜」組合盤隱藏推動的內容）

◆ **白鏡圖騰的引導**

1點家族：1點家族的白鏡子，具有雙倍的力量，透過自我觀照的對話，就像透過另外一個鏡子來反照自己。例如自由書寫、透過抽牌卡來做自我對話。當自己能看清楚自我引導的過程時，也非常適合成為引導他人進行對話的角色。

2點家族：引導是白狗，充滿無條件的愛，告訴白鏡其實最終能引導我們的力量就是愛。什麼能量可以為自己帶來指引呢？就是無條件的愛，去接納所有層面的自己，以愛為初衷，以愛為指引，以愛為引導。

3點家族：引導是白風，特別適合說話、溝通、分享。很清晰的表達自己，透過精神性的傳遞去溝通去分享。3點家族的白鏡子都是很好的講師、治療師、諮詢師，能夠把自己看見的東西真實傳遞出來。

4點家族：引導是白巫師，內心能夠去接納所有的一切。帶著有魔法的巫師，非常清楚的知道，一切要透過內在心思意念的創造，內心擁有所有指引的答案[※]。

橫線家族：白世界橋特別適合創建平台和擔任連結者，很會協調事情，並透過連結不同的人事物，協助他發揮夢想的力量。他可以做到很好的資源連接、整合和協助對方搞定很多事情。

※ 就像佛洛依德的主印記是自我存在的白鏡，引導就是自我存在的白巫師，他的研究帶給心理學界很大的影響。

▓ 白鏡的圖騰靜心引導詞 ▓

1. 閉上眼睛,作幾個深呼吸,將注意力放在左腳無名趾,在這個部分吸氣與吐氣。

2. 想像眼前出現一片很大的鏡子,能完整映照全身。當你看到鏡中的自己時,第一個冒出來的感覺是什麼?

3. 我們永遠會在照鏡子的時候,先看到自己不夠好的部分,無論你對自己多挑剔、多不滿意,現在都請看看自己可愛的樣子。從頭、臉、脖子、身體到腳,對每個部位都給一個微笑,看見自己現在的樣子多麼美好。

4. 接著,我們來好好擁抱自己的不滿意,問問自己:「自己的個性或做事方式等等,有哪些不夠好的地方?」同時,在這些缺點上,找到可以翻轉的正向詮釋(例如覺得自己很懶惰,而這個懶惰讓自己想出了很多很有效率的快速做事方法)。把這些陰影能量先統統擁抱進來,再轉化成為正向動能。

5. 再一次完整的吸氣與吐氣,把能量擴展到身體的每一個細胞,當你準備好時,慢慢張開眼睛,把自己完整的帶回來。

靜心祈禱文線上聽 _____

藍風暴
Blue Storm

我是世界的改革者，19是我的數字，藍色風暴是我的圖騰。我是促進根本改變的**轉化器**，擁有揭開原有隱藏或受壓制事物的能力，聽從**自然蛻變**的再生意圖，宇宙之愛的真實力量就能自然運生，打破既定規劃後**重新建設**，發展出內在**無盡的力量**，帶來生命的轉化與重生。

關鍵力量

改革

◎擅長領域：能夠進行改變、打破原有制度、顛覆舊有的框架的相關領域

◎適合職業與方向：整理師、改革者、組織變革的人、拆除工程人員、社會運動人士

重新建設

◎擅長領域：從內心世界到物質生活，能協助人們建立新制度、創造新局面的領域

◎適合職業與方向：工程師、產品研發、發明家、建築師、室內裝修工程相關師傅、立法委員、民意代表、創意工作者、身心靈療癒師、物理治療師

轉化蛻變

◎擅長領域：協助人們進行內外的調整，朝著自己想要的方向去改變，薩提爾冰山對話、瑜伽靜心、健身相關領域

◎適合職業與方向：瑜伽老師或健身與運動教練、催眠師、生命教練、靈性或宗教引導者、身心靈療癒師

課題——感受自己在暴風圈中央，最有能量且力量穩定。讓生命中的改變帶領著我們自然而然地發生，帶著生命前進。

能力關鍵字——◎**催化 Catalyzes**：加速改變的力量，讓舊有的狀態加速變動。◎**能量 Energy**：釋放在我們內部無盡的能量源泉，並用來療癒自己，帶來蛻變與轉化。◎**自然運生 Self-Generation**：保持開放的態度，不害怕改變，讓生命中的改變自然發生。

◎ 本質 ◎

藍風暴是卓爾金曆上的第十九個圖騰,對應馬雅的星際原型是「世界的改革者」。「19」是它的數字(序號),也是我們生命中要學習的第十九個主題:催化。

藍風暴象徵著煉金、蛻變的過程,也代表能夠自然改變和改善的一種轉化器。

風暴的產生常是突如其來的,也沒有固定路徑,就像在我們生活中穩定太久、陳年老舊且早該改變但還未改變的事物,當改變的時刻到來,自然會產生變化,這是一股摧毀與汰舊換新的力量,因此,風暴人的特質往往與「促成改變」的角色有關。

我們在計算「星系印記」時曾提到,主印記和支持印記的序號相加一定是藍風暴,也就是自己跟支持相聚時,可以為彼此帶來生命中的轉化時刻。

在風暴圈的正中央,通常都是最風平浪靜的(就像颱風眼),協助我們從核心去催化這股強大的改變動能,好讓這股力量向外轉動。所以,不妨觀察身邊的藍風暴人,會發現他們通常是外表看來很沉穩的人,不會感覺到是帶來狂風暴雨的

改革之人，但只要藍風暴人進入團隊或組織，就會帶起整個團隊的改變，這是能量的一種推動力。

在相關印記擁有藍風暴能量的人，適合學習或從事「整理」、「整頓」相關的領域，例如斷捨離的人生整理術、企業改善諮詢、流程優化顧問，協助人們打掉重練，建構新的架構。

◎ 課題與小提醒 ◎

藍風暴所遇到的生命課題，是要學習「接受生命中的未知」。

突如其來的改變總讓人不知所措，不在計畫中的變動打亂了原本的節奏，而往往讓人無法接受的，是那些不可預測的未來。

面對未知的狀態，常常讓我們心生恐懼，因為不知道會發生什麼，害怕事情無法掌握或變得更糟，因此，我們要練習去看見這些自然的發生有其意義，並協助自己在生命中穩定前進，因為這是一個重建自己生命節奏的契機。

練習常鼓勵自己，生命此刻準備好要重建與改變，要迎接更好的未來，所以風暴來推自己一把，我們得以前進。

所謂「如果不是未來有更好的要來，其實也不會有現在改變的發生」，就是這個意思，如果現在是最完美的時刻，上天也不會安排你去改變。

◎ 藍風暴的日子 ◎

在藍風暴日，會發生的共時現象有兩個：一是你會很想要整理東西、丟東西，或是調整家裡布置、家具位置，甚至改變店舖的陳列；二是會有突發狀況產生，例如航班因故停飛、約好的會面臨時更改時間、老闆找你談論人事異動等等。

因此，如上所述，在藍風暴的日子，調頻與擇日共用的好方法就是調整。調整物品、人事、工作，讓舊有狀態打掉重練，把原有的東西做一次新的排列組合。

當你感受到這些煥然一新的能量時，生命就再次提升晉級啦。就像暴風雨後的天空，總是特別清爽。

◎ 藍風暴的可愛清單 ◎

· 喜歡瀟灑的人生，不喜歡有羈絆。

· 計畫常常不管用，事情來了就順應
　改變。

· 很能接受「改變」的發生。

· 有品牌忠誠度，求新求變，也會一
　直追商品到最新的型號。

· 將新的資訊帶到所到之處，會帶來
　風暴或破壞的產生，帶來變革。

· 喜歡整理出一個新的房間、重新粉
　刷、重新布置。

· 偶爾會有各種的不配合，不是問什
　麼都說好的類型。

◎ 如何打動藍風暴的心 ◎

· 帶藍風暴去體驗新的事物。

· 買最新型號的產品給藍風暴。

· 陪藍風暴一起丟東西、清冰箱、斷
　捨離。

· 告訴藍風暴：「無論發生什麼變
　化，我都會在你身邊支持你。」

◎ 藍風暴的組合盤 ◎

◈ 藍風暴與黃太陽互為支持

　黃太陽是藍風暴的加分力量，能
夠協助藍風暴在風雨過後能重建光
明。雨過天晴，就有陽光的展現，
因此，黃太陽是來支持藍風暴，告
訴藍風暴，打掉重練是個必經的過
程，不需要擔心，有黃太陽在背後
支持並替你加油。而當走過風雨，
經歷改變與重建後，就有陽光般覺
醒的力量與發光發熱的開悟智慧在
下一個階段等待你了。（可搭配參考
「黃太陽」組合盤支持的內容）

◈ 藍風暴與紅月互為挑戰擴展

　紅月能幫助藍風暴擴展能量，挑
戰不熟悉的自己。紅月代表水的流動
能量，讓藍風暴內在的情緒能再次流
動和釋放出來，風暴中挾帶著大量的

水能量，能夠好好的清理、淨化、釋放，若我們能用無條件的愛去接納在改變過程中的所有情緒，像是害怕、恐懼，清理淨化就能更透徹，並迎來全新的自己。（可搭配參考「紅月」組合盤挑戰擴展的內容）

◆ **藍風暴與白風互爲隱藏推動**

白風是藍風暴的隱藏力量，在改變與生命成長的過程中，透過與人交談互動，能大大增加自我改變的覺察，無論是與專業人士交談，或是日常生活中的聊天分享，都能整理我們的思緒脈絡，對於需要改變的要點，一說出口，就會形成改變的能量。因此，你也可以找到信任的人，跟他說：「你想要什麼的改變。這是一種宣告，一經宣告，能量就會開始轉動。」（可搭配參考「白風」組合盤隱藏推動的內容）

◆ **藍風暴圖騰的引導**

1點家族：1點家族的藍風暴，具有雙倍的力量。透過與他人討論分享、激盪靈感，會更清楚內心的聲音與答案，以及自己要前進的方向。

2點家族：引導是藍猴，協助藍風暴看得更清楚，不害怕改變。改變是個自然、去蕪存菁的過程，試著用幽默感與好奇心去面對生命當中所有天搖地動的時刻，保持輕鬆好玩、遊戲的心，藍猴會協助你度過所有難題。

3點家族：引導是藍夜，特別豐盛，而夢想的力量也會給予指引。為了尋求夢想，生活當中要持續改變、成長、前進。生命當中要勇敢並踏實地做夢、改變自我，茁壯力量，朝向夢想邁進。

4點家族：引導是藍鷹，能指引我們方向，並練習用更高的視野、第三方的角度來觀察自己的生命藍圖，只要能夠看得更全面，更清晰的道路就會出現，看清楚方向後，就能用落實的力量去行動。

橫線家族：引導是藍手，給予我們行動上的指引、理解實踐的重要，以及改變要有的持續執行力；同時，在打掉後的建設力也特別強大。再者，這個家族的能量也特別適合創作，藍手能引領藍風暴創造出「改善人們生活」的作品或產品。

▨ 藍風暴的圖騰靜心引導詞 ▨

1. 閉上眼睛，做幾個深呼吸，將注意力放在左腳小拇趾，輕輕地吸氣，然後吐氣。

2. 感覺暴風雨來到你面前，它的能量帶走了很多老舊不堪的事物，樹木、車道、人行道、廣告看板、建築物等等，一切都被大雨清洗得非常乾淨。你的內在也彷彿洗滌了一輪，把一些舊有的能量與模式，以及一些必須放下的，都放下吧。

3. 感覺暴風雨過後的一片平靜，天空開始出現彩虹，你重新整理房子與花園，看到那些原本長得很好、扎根穩固的植物，一樣完好如初。

4. 感覺所有植物被大雨洗刷過後，都綠油油的，彷彿可以聞到青草地的香味、泥土的芬芳，把這樣的清新吸進來，吸進心輪後，再慢慢吐氣。

5. 再一次完整的吸氣與吐氣，把能量擴展到身體的每一個細胞，當你準備好時，慢慢張開眼睛，把自己完整的帶回來。

靜心祈禱文線上聽 ＿＿＿＿＿＿＿＿＿＿＿＿＿＿＿＿＿＿＿＿＿＿＿＿＿

With the universal fire, enlightening my life.

SEAL 20

黃太陽
Yellow Sun

我是開悟者（Enlightened One），20是我的數字，黃色太陽是我的圖騰。我是真理之光，我能**照亮生命**與萬物，溫暖支持所有生命。生命的**宇宙之火**，透過自我生命的所有歷程，打磨心性且讓生命拋光發亮、藉由**修煉與覺知**，我能喚醒所有的存有，走上真正**覺醒開悟**的道路。

關鍵力量

支持他人

◎擅長領域：能夠團隊合作、齊心協力並成就整體任務達標，具有照顧且協助的相關特質領域

◎適合職業與方向：培訓機構、公司內擔任心理輔導的角色、支援小組、後勤部隊、老闆特助或軍師、啦啦隊

照亮生命

◎擅長領域：以自己的生命展現光芒與自信、激發並鼓舞人心的相關領域

◎適合職業與方向：教育工作者、宗教與靈性引導者、激勵大師、演講者、作家、燈飾與蠟燭業、火炬手

修煉與覺知

◎擅長領域：任何需要下功夫的鍛鍊、扎實鍛鍊自我、突破自我限制、強化意志力、達到自我超越之境界的領域

◎適合職業與方向：體操選手、鋼琴家、廚師，練習某項技能的人

課題——用生命中的各種磨練來當成考驗，打開生命的深度與廣度。

能力關鍵字——◎**開悟 Enlightens**：透過覺知，走上覺醒道路。◎**生命 Life**：生命中經歷鍛鍊的過程，打開了生命的深度與廣度，淬鍊成生命的光芒。◎**宇宙之火 Universal Fire**：溫暖的太陽，讓覺醒的光綻放開來，照耀所在之處的一切。

◎ 本質 ◎

黃太陽是卓爾金曆上的第二十個圖騰，對應馬雅的星際原型是「開悟者」。「20」是它的數字（序號），也是我們生命中要學習的第二十個主題：開悟。

黃太陽是所有太陽圖騰裡的最後一個，也意味著我們從紅龍走到黃太陽，生命所要學習的前十九個主題都已走過一輪，黃太陽走過先前的生命道路來到最後階段，是最高真理之光的展現、無限光芒的綻放者，也是覺醒力量的代表圖騰，因此我們稱之為開悟者。

黃太陽人的特質，帶有生命的韌性，因為要成為發光發熱的黃太陽，可不是件容易的事。在生命中，會經歷一些磨練與考驗，或者大起大落，或者精彩萬分，就像風暴過後的天晴，也像是浴火重生的鳳凰。

因此，黃太陽人的天賦也是如此，擁有自帶光芒的力量，天生具有溫暖的熱情，理解人們生命歷程中的不易，所以特別能夠幫助與照顧他人，給予支持。

每個生命都是如此，最終我們要成為覺醒的宇宙之光，散發溫暖的陽光，在生命中有所鍛鍊，獲得開

悟的智慧。

我們在計算「星系印記」的時候有提到，黃太陽圖騰無論加上誰，都還是回到對方本身的圖騰，因為黃太陽人特別能夠在群體中提供支持的能量。

在相關印記擁有黃太陽能量的人，適合從事支持他人的服務，喚醒人們生命覺醒的相關工作，支持人們心靈開啟的分享者，例如老師、教學者、演講者、導師。

◎ **課題與小提醒** ◎

黃太陽所遇到的生命課題，是關於對於「生命鍛鍊」的自我肯定！

承上所述，黃太陽的生命往往會很精采，經歷修煉，偶爾也會苦不堪言，甚至可能覺得「自己人生比別人辛苦」。但凡走過必留下痕跡，這些一步步走過的鍛鍊，都成為一盞盞的燭光，當你回首看著來時路，會發現早已經匯聚成大燭火。

此時，成長彷彿大躍進一般，最後會變成覺醒的太陽。因此，太陽人本身自帶光芒，這些生命光芒的故事與智慧將自然而然開展，別人也會想來向你學習，你是如何走過

這一切的。

◎ **黃太陽的日子** ◎

在黃太陽的日子，可以好好留心這天所發生的事，因為這是一個獲得領悟的機會！你或許會在這一天想通一些事、獲得啟發，也可能有撥雲見日的感覺出現。

在這一天，有兩個適合調頻與擇日共用的好方法：一是最重要的，就是利用這天的能量好好曬太陽，可以背對著太陽，讓背後有陽光作為後盾能量；如果沒有太陽，可以想像太陽的力量灑在身上；二是如果有練習瑜伽的朋友，可以做拜日式的練習。

這兩項練習都能讓自己全身充滿流動的力量，讓陽光穿透自己的每個部位，讓每個細胞都充滿能量。

◎ 黃太陽的可愛清單 ◎

- 喜歡陽光、喜歡曬太陽、行光合作用。
- 買屋重點要採光好。
- 喜歡點蠟燭，收集各種蠟燭。
- 很會照顧人、關懷他人、要每個層面都要用心照顧到。
- 無意識喜歡選擇精采曲折或苦修的人生路徑。
- 重複持續地專注於一項功夫、打磨拋光地鍛鍊，好讓自己可以成為發光的太陽。

◎ 如何打動黃太陽的心 ◎

- 跟黃太陽說：「感謝付出與犧牲，辛苦了！」
- 看見黃太陽的善意行動，看見他的投入與用心。
- 好好對黃太陽好就好，這就是給黃太陽最大的愛。
- 直接問黃太陽：「禮物要什麼？」直接命中黃太陽的心！
- 或直接問黃太陽：「我送你這個東西，好嗎？」

◎ 黃太陽的組合盤 ◎

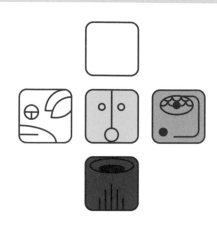

◇ 黃太陽與藍風暴互爲支持

藍風暴是為黃太陽加分的力量，協助黃太陽理解，生命中經歷的考驗與鍛煉，都是為了儲存自己的光芒，等待發光時刻到來。種種生活的考驗、去蕪存菁的歷練，都是為了更加成就黃太陽的閃耀生命光芒。（可搭配參考「藍風暴」組合盤支持的內容）

◇ 黃太陽與白狗互爲挑戰擴展

白狗能協助黃太陽擴展能量，挑戰不熟悉的自己。白狗提醒黃太陽，不要蠟燭兩頭燒，不要忙著奉獻自己、照顧他人，要好好的愛自己、照顧自己。當我們在給予愛、分享愛的時候，要先把自己愛得足夠、完整，這顆太陽才不會黯淡無

光，宇宙之火才能火力十足地持續燃燒。（可搭配參考「白狗」組合盤挑戰擴展的內容）

◈ 黃太陽與紅龍互爲隱藏推動

紅龍是黃太陽的隱藏力量，內在源源不絕滋養生命的能量，就是來自於家人的愛。原生家庭的愛對他來說，是非常強大的力量。生命當中的一切，最終都是要回歸根源，找尋源頭的力量，透過回溯並傳遞感謝，感謝能夠有更大的動能推動前進。進而延伸到對於人類歷史的愛、古文明與智慧的愛，以及對自己愛的滋養。（可搭配參考「紅龍」組合盤隱藏推動的內容）

◈ 黃太陽圖騰的引導

1點家族：1點家族的黃太陽，具有雙倍的力量，自帶雙倍光芒，專注活出主印記圖騰的力量，自己能夠榮耀自己，親身體會而得來的智慧，就是自己最好的生命導師。

2點家族：引導是黃人，引領黃太陽去展現自己，把自由自在的能量綻放出來，尊重自己的生命體驗，重視自己的想法與價值觀，散發出溫暖且自由的光。

3點家族：引導是黃種子，給予黃太陽目標的指引，等待發芽前的蓄積能量，待能量足夠以後，才能把光芒綻放出來，迎接生命的大豐收。

4點家族：引導是黃戰士，等待我們去面對智慧的考驗，解決生命中的問題，讓覺醒開悟的太陽鍛鍊出更大的智慧。在經歷過這些歷練後，也能幫助他人解決相同的人生問題。這個家族多了一份勇氣的光芒與智慧。

橫線家族：引導是黃星星，黃星星的閃耀讓黃太陽的光芒更加耀眼，這是「白天發光、晚上也發光」的一組閃耀力量。黃星星的頻率在這裡能夠指引黃太陽去分享智慧，分享生命中的美好事物，分享生命當中無比閃耀，獨一無二的自己！

▨▨▨ 黃太陽的圖騰靜心引導詞 ▨▨▨

1. 閉上眼睛，做幾個深呼吸，把注意力連結右手大拇指，因爲黃太陽與紅龍（右手食指）互爲隱藏推動，所以把這兩隻手指放在一起。

2. 把注意力放在右手大拇指，吸氣，然後吐氣。再次深吸一口氣，把注意力放回心輪，太陽的本質與能量，代表每個人內在最溫暖的原型。如果現在請你用一句話鼓勵或問候自己，會想跟自己說些什麼呢？

3. 感覺頭頂上有溫暖、舒服的陽光灑落，微風輕輕吹過。我們從紅龍一直走到黃太陽，彷彿經歷了一生，然後走到這裡。回顧前面，那是協助我們開悟、成長、開啓智慧的過程，回顧每一個重要的里程碑。

4. 把20個圖騰的能量都相應到我們身上，手指頭、腳趾頭，甚至是身上的每個細胞，把20個圖騰的能量都匯聚起來，回到心輪。

5. 再次完整的吸氣與吐氣，把能量擴展到身體的每一個細胞，當你準備好時，慢慢張開眼睛，把自己完整的帶回來。

靜心祈禱文線上聽 _____

內在女神力量

「內在女神力量」（Goddess force，簡稱G-f），指的是我們內心的靈性力量，也有人稱為「內在女神」或「女神力量」。幫助你與「直覺力」和「內在導師」取得連結，同時也能開啟你的神聖陰性力量，連結宇宙中各種女神能量（例如埃及神話裡的愛西斯〔Isis〕、希臘神話的蓋亞〔Gaia〕、東方的觀世音菩薩等等），獲得更多心的洞察力。最能夠協助我們展現內在女神力量的關鍵，就是自己「心的頻率」，當心的頻率越高，便越能展現。

連結內在女神力量，這是拿回陰性力量的主導權。因此，找到並連結內在女神力量的印記，也就是我們內在覺醒最重要的練習。

每個人都有女神力量，不分性別，無論男女，皆代表了每個人內在陰性本質，是靈性、神性的部分，而內在溫柔、接納、滋養、照顧、傾聽等等的特質，都是稱為「神聖陰性」（Divine Feminine）的面向。女神力量可以讓我們知道，當我們活出星系印記全部的能量，也就是啟動了主印記等五個圖騰五合一的能量時，我們將會成為什麼樣的自己。

◎將女神力量運用於生活中

當你活出了整組星系印記的力量，就可以想像這是五合一、完整且圓滿的自己。最重要的是活出主印記的力量，並把加分支持的力量活得很好，同時完整、清晰地看見隱藏版的自己，成為生命的燃料，以及無條件地愛你的挑戰，在朝向引導的地方前進，以更高維度看見夢想實踐的力量是什麼？女神力量就是你圓滿版本的想像，最高頻率五合一的力量。

◎最重要的印記

常常有人問起，13月亮曆的學習探索中，個人的印記種類繁多，有主印記、支持、隱藏推動、引導等等。現在又加上了女神力量，到底哪一個是我們調頻校準時最重要的參照點呢？要參照哪一個圖騰呢？

答案是「主印記」。活出主印記的能量是最重要的關鍵。做個比喻，當你

要拿起一串粽子，維繫整串粽子的力量就是中央的繩頭，所以不妨想像一下，主印記就是「粽子的繩頭」，當你提起一串粽子時，就像是活出了主印記的頻率，所有的頻率便都會自動到位。因為，所有生命能量的連結，都是根據你的這組生日在運作，所以拿到一組八位數的西元出生日期，第一步就要先算出主印記，其餘所有訊息才會隨著主印記開展。

如何想像女神力量？——

我把星系印記五合一後的女神力量比喻成「飯糰」。主印記是香Q的米飯，幫香氣加分的滷蛋是支持，挑戰口感的辣菜脯是擴展，秘方特製的滷豆干是隱藏推動，提升口味層次感的油條是引導。當我們一口咬下這顆飯糰時，我們會咬到五種元素，這種五合一的味覺口感，就是女神力量。

練習：排出你的女神圖騰及調性——

1. 你的女神力量主印記是什麼？女神圖騰是什麼？關鍵字是什麼？你要學習的課題是什麼？
2. 你的女神力量調性是什麼？關鍵字是什麼？問句是什麼？力量動物是什麼？你要學習的課題又是什麼？
3. 你的女神力量波符是什麼？這條生命道路要告訴你什麼訊息呢？
4. 想像活出自己的女神力量，這是五合一、完整且圓滿的自己，那將是什麼版本的自己？與現在的你有什麼不同呢？它會帶給你什麼訊息或啟發？

第4章 波符與調性

波符的重要概念

　　波符，在13月亮曆法中代表著「道路、路徑」。我們的生命之河，有自然的波動，更有流動與前進的方向，因此 Wavespell 這個詞象徵著生命中「各種波頻的移動記錄」，包含生命週期的起伏、生命階段的歷程、生命道路的學習功課。

◎找出自己的波符

　　請對照卓爾金曆（34頁），找到自己的主印記後，根據Kin的數字往前推算，找到調性1的位置。這個1代表「磁性」，也是波符的開頭。從1到13為一組，這13個圖騰代表完整的一條波符，以落在調性1的圖騰命名。

　　例如主印記Kin207是水晶藍手，往前找到調性1是磁性黃戰士，生命波符便是黃戰士波符。黃戰士波符掌管Kin196到Kin208，以黃戰士圖騰帶頭與命名。

◎順序是有意義的

　　一條完整的波符，有調性1到13，循序漸進。

　　就像我們在行進的生命之河中，跟著航道前進，依照自然順序的方向才能「順流前行」，經過1公里處才能到達2公里的位置，經過2公里後，才能進展到3公里……最後到達第13公里的位置。而公里的概念，我們用「調性」來呈現，一條波符就是以「一整條流」的概念來表達完整的調性1到13，缺一不

可，無法只抽取某一個調性獨立來理解，更無法跳過前面1到6公里直接到達7公里的位置。

◎波符是重要的資源團隊

為何理解波符的概念，對我們是如此重要呢？

波符是全觀的概念，從一個更大的視角來觀看生命的問與答，其實早都在自己的配備裡安排好了。從你降生在世界上的那一刻，整體波符能量隨時都等待著、要為你所用。

在個人星系印記裡，每一個印記都是歸屬於某一條波符（調性1到13的其中一個），因此，這個印記是攜帶著整組的生命配備。當有需要的時候，可以從波符中知道如何協助自己。不需要外求，問與答都在生命裡，我們自帶整組配備、與生俱來的資源團隊、13個Kin都是資源團隊的夥伴，而且非常強大。

◎口訣：問句在調性、答案在圖騰

每個「調性」，都發出一個重要的「生命提問」。

而在調性提問後，對應的「圖騰」正巧指出這提問的「生命答案」。

想像一下，行走在生命道路（波符）上，沿途會遇到13個「指示牌、路標」，以完整的13個銀河音階（調性）來代表。而調性對應的圖騰，更是13個生命提問的解答，清晰呈現了生命旅人每個當下需要的徵兆及意義。

◎共20條波符與13個Kin

在卓爾金曆中，共有20個圖騰，每一個圖騰帶領一條波符。

不同波符有各自不同的主題路徑，都以磁性為首的圖騰（老大）代表那條波符的主題特性。例如：紅龍波符，在紅龍波符中的13個Kin，都有著紅龍圖騰的特性與關鍵力量。

波符的「能量區段」，包含整個完整的調性1磁性，一直到調性13宇宙，完整呈現整個生命道路的面貌。例如：Kin1至Kin13，磁性為首的圖騰是「紅龍」，因此這條波符就是「紅龍波符」。

調性

在波符的13個位置裡，特別提到調性（Tones），那調性究竟指的是什麼概念呢？

調性是銀河音階（Galactic Tones），代表了「數字」的頻率，不同調性數字，各自有不同頻率。每個人身上都攜帶了整條波符，因此有整組1到13的調性，不是只有主印記的調性會跟自己有關係。13個調性都在我們身上，只是主印記的調性能量會特別突顯、會有主要的關鍵問句，也是今生自我提問最重要的課題，而其他的數字仍然都與自己的生命道路息息相關。

調性應用層面——

主印記：生命波符，調性1至調性13是生命的問與答。

流年印記：流年波符，調性1至調性13是該年最重要的優勢力量問與答。

（依此類推，各種印記都能以波符的13個調性來看整體的頻率走向）

13個月份：調性1至調性13，每個月份呈現不同的關鍵頻率，及需要留意的訊息。

當下的流日波符：一個波符13天，也就是13個Kin，調性1至調性13，則是由不同波符呈現不同的關鍵頻率，以及需要留意的共時訊息與學習課題。

◎五個調性家族

這13個調性，依據銀河音階的符號頻率劃分成五個家族。同一組符號家族，有相同特性，擁有共同特徵：

頭頂上有一點的叫1點家族，有兩點的稱作2點家族，依此類推，還有3點、4點以及橫線家族（或稱：線家族）。

首先，我們可以先從調性的符號來判斷，自己是屬於銀河音階的哪一個家族，而接下來的表格，可以幫助你從自己的調性找到自己的音階家族。

調性 / 銀河音階家族

1點家族		**獨立的**
調性1	·	1點家族的人，自己就是自己的引導者，內心也有答案與定見，知道自己要前往的方向，也清楚自己的決定。個性比較獨立，喜歡獨自作業，也有自己的想法與行事模式。但如果表現得太過，就會變成聽不進別人的意見；偶爾向他人詢問意見時，也僅是為了驗證心中的答案。
調性6	![one dot above line]	鼓勵一點家族的人學會先放下成見，打開自己的內心，傾聽他人所說的話，會有很大的幫助。
調性11	![one dot above double line]	

2點家族		**雙數的**
調性2	··	2點家族的人，喜歡有一起合作的同伴，適合與人共事。看待事情的觀點：是非分明、二元性明顯，所以要學習了解自己的立場，釐清是非黑白，才不會有矛盾。
調性7	![two dots above line]	鼓勵2點家族的人把自己的原則立場說清楚（但並非要求或說服對方一定要做到），接納自己內在的黑與白，覺察並承認自己就是這些原則，並尊重他人與自己不同的原則，這樣的彈性會讓內心更舒坦。
調性12	![two dots above double line]	

3點家族		**服務的**
調性3	···	3點家族的人，人生就是以服務為目的，無論在各行各業，都能夠提供服務，服務自己，也服務他人。3的頻率是靈性的力量，也是變化較多的，喜歡讓自己在行動中保持調整與改變的可能性。
調性8	![three dots above line]	鼓勵3點家族的人，在做任何事情時，觀察自己是否展現出服務熱忱與樂於分享的特質，如此一來，能夠讓自己的能量更加穩定、平衡，發揮與生俱來的天賦特質。
調性13	![three dots above double line]	

4點家族		**穩定的**
		4點家族的人，天生擁有穩定的力量。4的頻率，能夠建立出一種具體的形式、方法與行動策略，這些規則能帶來穩定的力量。就像房子的四根柱子，也像桌椅的四支腳，讓人事物穩定下來。
調性4	····	鼓勵4點家族的人，做決定之前，先靜下心聆聽，在設定規則與界線的同時，保持彈性。如果團隊成員有4點家族的人，往往可以帶來穩定與安全感。
調性9	![four dots above line]	

橫線家族		**開展的**
		數字從4進展到5，就會連成一線，形成橫線家族。5是一橫線，10是兩橫線。橫線家族的人天生就有開展的力量。5的頻率，帶有傳遞與溝通交流的天賦。把內心的力量展現出來，綻放出內在正向的光芒與獨特性。
調性5	—	橫線家族的人別限制自己，別把自己局限在不自由的信念裡。盡可能地讓自己活出生命的自由美好，綻放光彩。
調性10	=	

◎調性詳細說明

調性 **1**	**磁性** Magnetic	●	合一 Unify
	我的目的是什麼？ What is my purpose?		吸引 Attract　　目的 Purpose

　　調性1的人常常需要尋找方向，加上磁性是每段波符的第一個位置，所以往往也是帶領方向的人。1這個數字也是起頭的數字，比較具有領導者獨立開創的特質。

　　磁性最重要的關鍵字就是「吸引」。作為第一個調性的磁性，吸引力特別強，較能夠聚眾、吸引想要的人事物，而且無論好壞，說什麼就吸引什麼。由於調性是跟著圖騰能量運作，所以我們要判斷，磁性對應的是哪一個圖騰，而「吸引」的究竟是什麼，就要看「圖騰的答案」了。例如磁性白風往往一說就成真、成功；磁性藍夜則是會吸引豐盛的源頭。

　　磁性的力量動物是蝙蝠，這種動物的特性就是敏銳，即便在黑暗中，還是可以清楚地判定方向。為了增強磁性能量，不妨把相關的力量動物圖像穿在身上，例如買蝙蝠俠的衣服來穿！

聯想關鍵	

力量動物：蝙蝠 Bat

課題：我的目的是什麼？我能夠吸引什麼？

學習：在黑暗中找到前進的方向，清楚自己要前往哪裡，集中力量，達成目標。

調性：個體

●單一能量，喜愛創造，屬於「創造」的調性。

●調性1能自由快速地移動，擁有強大的力量。

●堅定、自信，一舉一動吸引眾人目光，自我教導、自我學習。

●萬物的開始，也是整體、合一的。任何有調性1的人參與的事物，都能擁有很好的推動與帶動力量。

●調性1的人在面臨挑戰時，往往可以發揮最大的潛能。他會找到，甚至創造不同的解決方法，激發創造的潛能。

●學習讓自身「創造的管道」保持開放與通暢，也就是讓自己保持在健康的狀態。

調性 2	月亮 Lunar	● ●	二元 Polarize
	我的挑戰是什麼？ What is my challenge?		穩定 Stabilize　　挑戰 Challenge

由於月亮本身不會發光，而是透過太陽的反射，所以月亮掌管的是情緒、內在的陰影和黑暗面。在占星學裡，月亮特別指的是內在情緒的波動，就好像月亮有陰晴圓缺。塔羅牌的月亮，也反映出內在的焦慮、恐懼與不安，所以月亮的關鍵字叫作「挑戰」。這是調性2最重要的學習課題。

2在能量學裡是二元對立的元素，是非、對錯、黑白分得很清楚，但是月亮調性的人常會卡在一個地方：即便自己很有原則、黑白分明，但往往會把不希望他人看見的部分，向別人說成自己並不在意、沒有黑暗面。

因此，在能量平衡方面的練習，月亮調性的人必須清楚地承認，並看見自己內在的二元性與黑暗面，如此一來，反而會更容易找到平衡點。因為承認與看見，就是一種接納，當自己的對立面被接納之後，就會減少搖擺與不確定，多了堅定與彈性的溫柔。

蠍子是與月亮非常搭配的力量動物。就像天蠍座喜歡探索內在深刻的部分。

聯想關鍵

力量動物：**蠍子 Scorpion**

課題：我的挑戰是什麼？挑起我的恐懼與害怕的是什麼？

學習：看清內在的黑暗面，接受自己的二元性，知道什麼最能挑戰我的陰影，並讓我有勇氣面對。

調性：二元

◉決定、挑戰、改變的協調者。

◉二元的奧祕，渴望再次合一。

◉做決定時，先讓自己保持中立、平衡。任何的光明與黑暗、陰與陽、好與壞，都是二元能量的代表。

◉調性2的能量就是要讓我們體驗相異、分別、兩極的。

◉調性2的能量也是挑戰舊有的一切。

◉強調為了更好而改變。看似破壞性的能量，其實是除舊布新，為了迎接新的事物，打造新的空間。

調性 **3**	**電力** Electric	● ● ●	活化 Active
	我要如何給予最好的服務？ How can I best serve?		結合 Bond　　服務 Service

3點的名字是電力，最重要的關鍵字是「服務」。「人生以服務為目的」就是電力人的座右銘。不論電力人從事什麼職業或工作，身心靈領域導師、清潔人員或守門員，身處哪個位子，就做好那個位子的服務角色。所以，如果你是電力人，不妨試著想想如何在生命裡好好服務自己，同時也做好對別人的服務，在與他人的互動過程中，找到最適合自己、讓自己最舒服的方式。

電力調性的力量動物是鹿。鹿給人的印象是單純、善良、可愛又機靈，鹿在所有力量動物中，相對較有為人服務的特質。例如，童話故事裡的麋鹿會幫忙聖誕老公公拉雪橇，到世界各地分送聖誕禮物。各位不妨找找看，跟鹿有關的象徵物。

調性3的特質與「電力」有關的原因，可以想像成人類生活所使用的電力（電燈與冷氣等電器），都是用來為人類服務、提升生活品質與便利。主調性是電力的你，不妨這樣問自己：能用什麼作為服務？我的服務特質是什麼？

聯想關鍵

力量動物：鹿 Deer

課題：我該如何給予最好的服務？我最佳的服務特質是什麼？

學習：靈性、靈敏、反應快、耐性。靈性能量是用來服務，釋放電力，提供給需要的人。

調性：行動

● 有趣、行動、輕盈、愉悅、快樂、移動、傳遞的。

● 調性3的能量擅於運用各種方式表達自我。

● 作為變動、移動的基本元素，調性3的人有其自然的韻律與步調。

● 生生不息，自然而然地不斷運行。連結調性3的能量，能預見事物的運行。

● 這股能量照亮了黑暗勢能，遍及我們身處的世界。

● 調性3的頻率可以滋養心靈與萬物，帶來豐盛繁榮，進入平衡狀態。

調性 **4**	**自我存在 Self-Existing** ●●●●	確定 Define
	我要用什麼方式服務？ What is the form my service will take?	測量 Measure　　形式 Form

在五個調性家族當中，4點家族是最穩定的。4點能夠形成四方形，具備穩定的力量，可以協助我們找到自己，在任何狀態都能安定、安心。因此，調性4與9是所有調性中最穩定的兩個。

調性4叫作自我存在，力量動物是貓頭鷹。貓頭鷹在一般人的印象裡，是沉穩、智慧的象徵，所以可以在空間裡擺放穩定的象徵物，讓自己更安定，例如成對的貓頭鷹，因為它是4的調性，也是第一個形成穩定能量的概念。4的數字力量是一種「具體的形式」，代表了具體的作為與方法、實際的規則、落實的行動策略等等。

如果公司經營者或主管的調性是4點家族，營運狀況通常會非常穩定。換句話說，經營者的能量調性是什麼，往往就會創造出什麼樣的特質。例如，若你的服務就是協助人們改變、讓生命蛻變，那麼你該探討的，就是要用什麼方法或形式來完成，可以是尋找某種工具，也可以是一種具體的作為。像我就是透過寫書、諮商個案及教學等具體的形式，來協助人們改變。

聯想關鍵

力量動物：貓頭鷹 Owl

課題：我該以什麼方式服務自己？以什麼方式服務他人？

學習：學習沉著穩定的力量。我知道內在有智慧的引導，能提供他人智慧的指引，在安靜的觀察中提供穩定的力量。

調性：穩定

◉療癒、理解、反省、穩定、舒適、方法、沉著、反思、平衡。

◉做決定之前，先靜下心聆聽。
◉深思熟慮、重整、允許。
◉最穩定的形式是立方體。
◉數字4定義了體積、容量基礎，數字4也定義了方位的上下左右，以及廣度與幅度等等。
◉調性4的能量也設定了種種規範中的自由與界線，例如在關係、工作與遊戲中的規則等等。
◉調性4的頻率能夠讓事情逐漸趨於和緩，慢下來，以便看清事物的核心與背後的議題。

調性 5	超頻 Overtone	——	強化 Empower
	我要如何賦予自己最佳力量？ How can I best empower myself?		 掌握 Command　放射 Radiance

　　超頻的力量動物是孔雀，調性5與10是擁有放射、發光的特質，所以又被稱作最佳力量。屬於超頻調性的人，不管主印記是哪一種圖騰，就是要像孔雀開屏一樣，華麗而且光芒四射，把自己的力量向外發展、向外綻放。如果能夠做到，不僅能發現自己的力量變強大，同時也能鼓舞身邊的人事物，讓活力激發更多活力，光芒引動更多光芒，快樂帶來更多快樂。最大的力量由此而生。

　　如果你是超頻調性，卻又活得太保守、低調或壓抑，那麼，請學習孔雀的特質，讓自己彷彿登台作秀般光芒萬丈，不要再躲在人群的背後，嘗試看看讓自己的力量有機會放射出來。

　　超頻的數字5，當我們伸出手要比五的時候，就得張開手掌心，就是象徵綻放、放大且強化自己的力量。而這樣的放大，也要特別覺察自己在想法或者情緒上是否也有放大的模式，例如鑽牛角尖、一直往負面情緒去……等。因此，超頻調性要學習適當掌握自己的力量，以正確運用自身的力量。

聯想關鍵

力量動物：孔雀 Peacock

課題：我該如何讓自己擁有最大的力量？我的最佳力量是什麼？

學習：我能活得像孔雀開屏般光彩奪目，我能自在地展現自己的光芒、綻放力量，讓力量從中心點往外擴展。

調性：力量

● 動態、放大擴大、雀躍、力量、正面積極、向外、賦予力量。

● 在立方體的中心找到5，這是保有理性與組織的能量，掌管物質、知識的傳遞與應用。

● 數字5就像是自然界的橋樑，協助互通有無。

● 調性5的人可以在任何情況下，直接切入問題的核心，是一名優秀的觀察者。

● 調性5可以給予人事物正面的穩定支持。具有鼓舞人心的能量，是開心、有活力的。但也可能會遇到抗拒的人，帶來抱怨、負面的感受。

● 建議和讓你感到快樂的人在一起。

調性 **6**	**韻律 Rhythmic**	●━━	組織 Organize
	我要如何將平等向外擴展？ How can I extend my equality to others?		平衡 Balance　　均等 Equality

調性6是韻律，也屬於1點家族，因為下方多了一條橫線，彷彿找到了平衡木上的平衡點，所以，韻律人特別重視人與人之間的關係。

塔羅的6號牌是戀人牌，特別重視平等與在人我之間找到平衡。這個調性需要學習的關鍵字就是「平衡、平等、愛自己」，以及如何讓自己的能量在身心靈的各層面都能得到平衡。

調性6的力量動物是蜥蜴，會隨著環境與氣候順流改變，生命力強，甚至有斷尾求生的能力，也能像變色龍一樣，配合環境改變顏色，找到生存方法。

調性6的韻律人若是能夠正確活出能量，可以帶動自己的生命找到韻律與節奏，甚至能影響並帶動別人的潮流。反之，如果能量偏離，可能會被世俗與社會傳統的價值觀制約（例如年紀到了就該結婚生子），被別人的節奏帶著走，隨波逐流，失去自己。

聯想關鍵

力量動物：蜥蜴 Lizard

課題：我該如何在人際互動中擴展對他人的平等？我如何讓身心靈平衡？

學習：靈活的律動，在適應環境的過程中變換自如、調節能量。遇到困難時能夠斷尾與再生，隨時都能保持在平衡的最佳狀態。

調性：流動

● 在流動中尋找穩定的平衡、成長、改善、增進、流動。

● 空間的位移，創造了時間。

● 數字6是順流又充滿熱忱的能量。

● 調性6的人就好像是舞者美妙的律動，再加上運動員熱情的活力。

● 調性6的能量可以強化，並改善生活各種面向。

● 調性6對於長期持續的過程有極大幫助。

● 調性6帶來平衡、穩定的能量，協助事物長期運作的順暢，確保穩紮穩打地成長。

● 調性6就像穩定的能源供應者，一旦外在有所變動，便能夠給予穩定的支持。

調性 **7**	**共振 Resonant**	● ● ─ ─ ─	通道 Channel
	我要如何使我的服務與他人協調？ How can I attune my service to others?		激發 Inspire　　協調 Attunement

調性總共有13個，在1到13的正中央，剛好就是數字7。因此7是調性中最重要的一個。

共振，對應身體正中央的部位：脊椎，我們的核心力量。共振（共鳴）的特質是特別容易與人產生共鳴，特別有同理心，很能感受他人的感覺。如果這個頻率沒有回到內在核心，就很容易被外在共振並受他人影響。如果與外在環境的共振程度太過度，很容易因為干擾而失去平衡。因此，共振人很適合鍛鍊核心肌群，讓自己更有力量。調性共振的能量本身就是個管道，像是通透的共振體，同時能與身邊的人共振，也是接收訊息的管道。

共振的力量動物是猴子，所以共振的人往往有活蹦亂跳、靜不下來的動能。卓爾金曆包含了13條柱子，第7條柱子位於正中央，叫作中柱，因此關鍵字是「中道」。回歸中道，指的是回到不偏不倚的正中央，必須在兩端、理性與感性的過程，協調自己與他人等各種狀態，如同回到中庸之道，運用成熟與智慧，練習回歸自己的中心。

聯想關鍵

力量動物：**猴子 Monkey**

課題：我該如何調整出更好的服務？我如何歸於中心？

學習：能跟猴子一樣有趣自在，讓生活充滿幽默。我能在群體協調自己與他人，找到屬於自己的最佳位置。

調性：反照

◉ 神祕、神奇、形而上、反射、投射、神聖之流、夢境、目的、箭。

◉ 數字7就像是鏡子，區分了光與影，照見所有，包含虛實。

◉ 數字7和創造的源頭有關，也是代表神聖意志的數字。

◉ 數字7是一切的秩序，也是存在的意義。7是現在，也是未來。

◉ 數字7是連結萬事萬物的源頭，也是連結另一個世界的管道。

◉ 調性7是連結未知的閘門，是神祕之地，也是夢境。

調性 8	銀河星系 Galactic	●●●	和諧 Harmonize
	我是否活出自己的信念？ Do I live what I believe?		塑造 Model　整合 Integrity

關鍵就是「整合」。內在相信什麼，外在就要活出並展現這種力量。這是整合內在與外在合一的調性頻率。

銀河星系可以簡稱銀河，力量動物是老鷹，格局是高的，視野是寬廣的，洞見是清晰的，能用客觀、宏觀的角度拉遠，看待事情。因此，老鷹很重要的能量之一就是「看見」。老鷹在天上高飛，看見了什麼，就會採取行動；反觀我們，如果無法用銳利的鷹眼洞悉事情，就無法決定下一步並落實能量。銀河最重要的關鍵能量就是「是否活出了所相信的信念和信仰？」你的內在相信什麼？而你活出那樣的生命狀態了嗎？如果沒有內外一致，老鷹會提醒你，再次看清什麼才是自己想要的，銀河調性教導我們整合並活出真正想要的。

找到自己喜歡的核心信念，例如「我能保持彈性、輕鬆快樂地成長」，用肯定句鼓勵自己，同時把這信念種在意識田裡，帶著喜悅的能量發現內在的寶藏、天賦與能力，並好好發揮出來。

聯想關鍵

力量動物：**老鷹 Hawk**

課題：我以自己的信念生活嗎？我是否活出了我所相信的？我忠於自己的什麼？

學習：清晰且輕盈地在高空飛翔，飛得高、看得遠、展望得廣，寬廣的格局是我的視野。

調性：正義

◉創造力、喜悅、共振的訊號、電脈衝、正義、和諧、實相。

◉數字8的意圖是和諧、平衡。

◉數字8衡量萬事，使之平衡。

◉數字8也是組織化的力量，應證「天上如是，地下如是」（As above, so below）。

◉調性8的人習慣觀察各種事物的脈絡與行為模式。

◉從簡單到複雜，從零到無限，調性8掌管了所有層面的創造。

◉調性8的能量，賦予事物創造的可能性。

◉調性8的人天生便具有維持和諧的能量。

◉調性8是種正義與平衡的狀態。

調性 9	太陽 Solar	●●●●	振動 Pulse
	我該如何完成我的目的？ How do I attain my purpose?		領悟 Realize　意圖 Intention

調性9的名字叫太陽，其中最重要的關鍵字就是「意圖」。意圖的白話就是「我想要發生什麼事情？我希望事情如何發生？」伴隨而來的就是完成的方法。因此，有人把調性9叫作「使命必達」，是所有調性中完成度最高的。

調性9的人會很清楚老闆交代什麼事情，並且一定會找到方法完成；即便一開始不知道該怎麼做才好，但重點是意圖清楚，知道自己要做什麼，要去哪裡，因此重點不是找方法，方法是自然伴隨而來的。因為太陽是4點家族，所以能量更完整、更扎實穩定，有具體的形式與方法。

馬雅的太陽神殿就是由豹所護持，每每到了晚上，太陽神就會變成花豹，因此馬雅神殿的雕像上方是太陽神，下面騎著一隻花豹。而調性9的力量動物正是豹。

我們的意念就是頻率振動，當意念的渴望聚焦在想要的願景裡、畫面越具體、也就是越清楚知道自己想要什麼，就會更容易完成目標。同時，太陽調性的人也很會找資源來一起幫忙，增進快速達標的可能。

聯想關鍵

力量動物：**豹 Jaguar**

課題：我的意圖是什麼？我如何實現人生目的？

學習：獨立、專注、冷靜沉著，清楚知道自己要的是什麼，我就能看準目標，並以最快的速度完成。

調性：耐心、毅力

● 連結到更高的頻率、互相連結、舒適、透視、穿透、耐心、毅力、保持能量。

● 調性9的能量可以給予更大的可能性、更宏觀的畫面。讓計畫逐漸成形，趨向完成。

● 數字9也代表了事物歷經過程的完整週期，完整的體驗過程對調性9的人來說是重要的。

● 調性9的能量是種內建的信號，與溝通、創造有關。

● 調性9對事物有加乘的效果，能協助你輕鬆達標。

調性 **10**	**行星** Planetary	===	完美 Perfect
	我該如何完美完成？ How do I perfect what I do?		製造 Produce　　顯化 Manifestation

　　調性5(一)的力量動物是孔雀，調性10的行星(二)就是兩隻孔雀的綻放，所以我們又稱它是「雙倍放射的力量」。數字10，象徵著美好的力量，例如我們會說十全十美、十分滿意等等，都是以數字10來代表一種美好的感受、完美的境界。

　　調性10的能量是行星，力量動物就是狗，象徵著行星調性的頻率是帶著純淨、完美、忠誠的狀態，關鍵字是「完美顯化」，讓事情更加完美。

　　我們在太陽調性9的位置，已經找到了意圖與方法，要讓事情更加完美，把事情更完美地顯化，就是透過行星調性的力量了！因此，我們也會發現主印記為行星調性頻率的人，會帶有完美主義的性格，同時也要提醒自己，避免拖延事情的進程。

　　若你是領導者，在用人做事的安排上，可以依循調性原則。如果是要今天急件完成的項目，可以選擇太陽調性的夥伴來幫忙；如果需要更佳重視整體完美度的工作項目，就可以請行星調性的夥伴來完成執行。

聯想關鍵	
力量動物：**狗 Dog**	

課題：我要在世間顯化什麼？

學習：單純、忠誠、良善的心，純淨的能量是我的特性，我能忠誠地對待自己、我能善待他人，並給予溫暖的支持。

調性：顯化

◎顯化、物質、具體化、表達、短暫、美好、實現的可能性、強大的力量伴隨著責任。

◎調性10的能量，讓無論是期望或擔憂的想法念頭皆具體實現。專注力在哪裡，顯化的力量就會在那裡。

◎調性10的頻率會協助我們在萬事萬物之間看見美，也會協助我們對焦於美好，明白所到之處都是美好。

◎調性10的能量關乎顯化，鼓勵擴大個人體驗與經驗，別讓自己被制約、約束。

調性 **11**	光譜 Spectral	⚊⚊ ⚫	消解 Dissolve
	我該如何釋放與放下？ How do I release and let go?		釋放 Release　　放下 Liberation

來到調性11，我們便再度回到一點家族。調性11的頻率叫作光譜，力量動物是蛇，蛇會蛻皮、蛻變與重生。

蛇的力量關鍵字就是「褪去」，也就是釋放。釋放有兩種層面，其一是將某些東西從內到外「釋放」，例如夢境中許多重要訊息，就是把潛意識的訊息釋放出來。另一種則是把什麼不需要的東西「釋放、放下」，例如放掉某個執著的想法、放下某一段關係等等。

光譜調性與釋放有關，所以有個可愛的暱稱：「掰掰調性」。碰到光譜調性的日子，很適合丟東西，包括內在與外在。順道一提，家中大掃除可以選在藍風暴或白世界橋的日子，能量特別適合斷捨離，適合把東西釋放出來、丟出來。

13月亮曆的祖師爺荷西博士是光譜藍猴，因此他把許多曆法的資訊釋放出來，藉由藍猴的特質展現有趣幽默的能量，能夠協助人們透過13月亮曆來看穿幻象，這就是荷西博士擁有的光譜藍猴能量。

聯想關鍵

力量動物：蛇 Serpent

課題：我該如何釋放、放下？

學習：在生命中學會蛻皮就是成長，每一次蛻皮，就是蛻變的力量。我能有彈性地彎曲與運用身體，以「之」字爬行，讓左右能量的釋放去輔助我前進。

調性：解析

● 潛力、改變、連結、連結天堂與地球、解決、改善。也與移動、變動有關。

● 調性11具有動力，也為事物保留了變動的空間。

● 每一個新的創造，都要在宇宙找到自己的空間。

● 在創造的過程中，改變調整必然發生，改變、改善與簡化就是調性11的動力。

● 天生擁有11能量的人，也會被各種改變推著走。

調性 **12**	**水晶 Crystal**	
	我該如何將自己奉獻給所有生命？ How can I dedicate myself to all that lives?	

調性12是水晶，力量動物是兔子，兔子是一種敏銳又聰明的動物，靈活機伶、反應快。

水晶調性代表了合作，天然水晶在地球經過冰河時期千萬年以上的淬鍊，長期與大自然共振及互動，能幫助人類將自身的能量頻率轉為正向磁場。因此，水晶可說是象徵地球用來協助人們成長的禮物，是奉獻給人類一起合作的產物，而我們也將學習如何運用此特質與他人合作、幫助自己成長。

水晶呈現的是清透的質地，所以調性12在波符的位置，其實也代表了「讓你把某件事情看得最清楚」的主題。

也由於水晶是2點家族，數字2，除了挑戰黑暗面、是非對錯，還有合作與協調的特質，所以在這個調性裡，會特別強調合作跟奉獻。水晶調性的你適合與人合作，而非單打獨鬥，因為合作會開啟你更強大的力量。調性1的人喜歡獨立完成工作，調性2是喜歡兩人一起，調性3則喜歡團隊合作。

聯想關鍵

力量動物：**兔子 Rabbit**

課題：我該如何將自己奉獻給所有生命？

學習：擁有聰明機智的頭腦，能無所畏懼地面對困難，能自我照顧，也將學習如何運用與他人的合作來幫助自己成長。

調性：理解

● 知識、教導、持續的智慧、廣大的訊息、動力、理解、想法、不斷改變。

● 數字12的能量擁有追憶、回憶的天賦特質。

● 調性12連結了看似無關或分離的部分，其具備連結的可能，並能帶領連結進入新的層次。

● 調性12的能量呈現了對事物的知識、深層的理解，並累積過往豐富的經驗，這些經驗都能教導我們，並帶領我們成長。

● 調性12的人是天生的老師，善於教學與分享。

調性 **13**	宇宙 Cosmic		
	我該如何散播我的喜悅與愛？ How can I expand my joy and love?		

在塔羅牌裡，13號牌是死神；也有13號星期五的說法，某些國家甚至很不喜歡13這個數字。

但多數人會在學習13月亮曆之後開始喜歡數字13，因為馬雅系統裡的13是宇宙的數字，也是最強大、最有能量的數字。而宇宙調性的力量動物是烏龜，也是所有調性的最後一個，所以行動有時比較慢，想得可能也比較慢。雖然13是調性的最後一個數字，看起來是結尾，但其實接著會再回到下個循環的開始，所以13是最後一個數字，但也是個轉折，代表了開始。

宇宙的能量與當下、超越與安忍有關，烏龜則是把時間智慧和知識背在龜殼上，加上又是走過所有道路的最後一個，所以充滿智慧。用智慧與人分享愛、喜悅以及所知道的知識，能量因此必須再次回到當下。如果可以超越這個能量，就能夠再往下一段生命道路繼續前進。

13是結尾，在整個波符區段裡也是目的地，我們最終會走到這裡，這是最後一個生命智慧的能量結果。

聯想關鍵

力量動物：烏龜 Turtle

課題：我如何回到當下，並超越至下個階段？如何分享愛與喜樂？

學習：帶著生命累積的智慧，記錄在龜殼上，分享並散播一切。我能緩慢地前進，以穩健的腳步到達終點，並超越所有限制。

調性：揚升

● 橋樑、純淨的創造能量、頓悟、連結本源、憶起，向下個階段精進。

● 數字13的能量會鼓勵你嘗試新事物、激勵你多給自己嘗試的機會。

● 調性13能夠連結過去與未來，連結曾經發生與即將發生的事物，也是連結當下與未來的橋樑。

● 調性13的人擁有探尋的能量，也是邁向新進展不可或缺的關鍵。

● 調性13的頻率代表了關照、愛和包容，也是每個人都不可或缺的一部分。

● 調性13是溫和、細緻的能量。

波符的整體性

◎波符是累進疊加的力量

波符的路徑，不只有前進的方向與順序，這「累進」更是一種「疊加」的層次概念。

有1才有2，有2才能接續3，有3之後4也才能發展得更好，依此類推，是一股連續的發展勢能，我們要以整體歷程來觀看波符。(當然，裡面有一個是自己的主印記最為關鍵。)

磁性的位置，知道了自己的目的與方向。這裡的圖騰指出，最能活出你生命目的方向是什麼。

月亮的位置，看見我們內在的二元對立或讓我們有機會面對陰影，並且調和矛盾對立。這裡的圖騰呈現了，最能彈性調和並面對內在衝突的方式是什麼。

調和了陰陽矛盾後，**電力**的位置，才能發展出服務的好品質。這裡的圖騰能量，就是自己最能展現何種狀態的服務品質。

自我存在，在好品質之後進而帶出穩定，這穩定又能建構出具體的方法(服務的形式)。這裡的圖騰，表示了自己最能以什麼狀態來展現安在且穩定的力量，也是最能以這樣的形式在生命中表達自己。

於是，帶著這份穩定，在**超頻**的位置進入轉彎「過彎不翻車」，也才能扎扎實實地發展出自己的最大力量。這裡的圖騰，表示了可以做些什麼來綻放自己的最大力量、自己最能綻放最大生命力量的狀態是什麼。

有了力量，在**韻律**的位置開始擴及到他人互動，找到自己的韻律節奏，並獲得自己與他人關係的和諧與平衡。這裡的圖騰，代表了自己最能獲得平衡的方法，如果生活中有失衡現象就能以此方式把自己帶回和諧與平衡中。

平衡了，在**共振**的位置就比較容易能回到自己。一旦調整回到核心，也不容易被他人左右搖擺，進而能發揮自身最好的共振頻率給他人。這裡的圖騰，表示了自己最能給出什麼狀態與他人共振，也是最能把自己帶回核

心的方式。

　　與外界的共振，更能看見自己的狀態為何，在**銀河星系**的位置，我們有機會回來確認自己是否有活出內在的信念，內在所相信的是否有實踐在生命中、是否有活出來這樣的信念，進而能好好整合自己的內在相信與外在行動。這裡的圖騰代表了自己內在的相信是什麼，並活出這樣的信念在生命中。

　　整合了內在信念之後，就能在**太陽**調性的位置確認自己想要完成生命目的「意圖」與「渴望」是什麼。什麼是你的內在渴望，你期待希望什麼狀況發生，設定心的意圖後，心的渴望能讓這個轉彎處穩穩通過，並自然而然產生完成生命目的方法與策略，進而完成目標。這裡的圖騰意味著自己對生命的渴望，並最能以這樣的方式去達成「磁性的生命目的」。

　　完成之後，進入**行星**的位置，能夠讓這完成不只是完成，而是如何能「完美」你所做的。在這裡的圖騰提供給你，針對想要完成的事，最能「完美顯化成真」的方式；也意味著自己最能以何種頻率、哪一類的事情最容易顯化成真。

　　在完美顯化之後，來到**光譜**的位置，能把內在的潛能、靈感、訊息「釋放」出來。同時也能夠把不再需要繼續帶著往前走的部分「放下」。這裡的圖騰提供給你，最能「放下與釋放」的方式是什麼；透過這樣的圖騰展現，最能夠把內在訊息帶出來或者釋放出來，並且放下不再需要的。

　　釋放與清理過後，來到**水晶**調性的位置，就能更加清晰地看見合作關係中需要什麼。這裡的圖騰指出，自己對什麼樣的事情看得最清晰、最能在合作關係中奉獻些什麼、以何種方式與他人合作。

　　最後，**宇宙**調性的位置，就能更以當下全然的自己給出愛、散播喜悅、分享生命的智慧光彩。這裡的圖騰指出，自己最能以什麼樣的能量回到當下、並且以這樣的姿態堅持走完「最後一里路」，最終到達目的地、與他人分享生命的點點滴滴，完成要學習及超越的生命歷程。

◎波符的13個位置

生命波符代表個人生命前進的道路、將要行走的路徑。

你的主印記落在哪個波符，它就是你的生命波符，代表了你的生命道路將會怎麼走。怎麼開頭？哪裡是目的地？會在哪裡轉彎？波符都標示得很清楚。

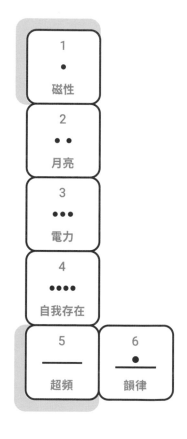

1│生命的方向
你的生命，想要吸引什麼？你能成為什麼的磁鐵？
靈魂的方向，前進的目標。也可以說使命和任務最重要的起始點。

2│生命的挑戰
你的生命比較容易引發二元性，有鮮明的是非、對錯立場的部分是什麼？
靈魂的黑暗面，包括心理陰影，比較恐懼或容易引起情緒的方面是什麼？

3│生命的品質
你想要給自己與他人的服務特質是什麼？
靈魂內在的品質是什麼？

4│展現的形式
你可以用什麼方法把自己帶回安定？最能讓自己安在且穩定的事情是什麼？
你的靈魂想要做什麼形式的服務呢？

5│靈魂的力量
你獲得最大力量的方式或事情是什麼？
你的生命最想要綻放什麼樣的力量？

6│生命的平衡
你如何能從社會期待的主流價值中，回到自己的生命韻律？
在人際間溝通互動、尋求關係中的自我平衡之方法是什麼？

　　就像是地圖上有13個標示，你早就已經幫自己布置好了，為了讓自己可以按圖索驥、踏出穩定的步伐，循序前進。

13｜靈魂的目的地
你要成為什麼狀態的你？你最能分享愛與喜悅的方式是什麼呢？

12｜靈魂的合作與清晰度
你最能以什麼事情與他人合作？你能在合作關係中給出什麼？最能奉獻自身的什麼力量呢？
你對什麼事情看得最清楚最透徹？

生命波符示意圖

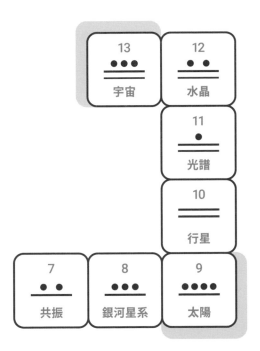

11｜靈魂的釋放力
你紓解壓力的方法是什麼？以什麼方式最能夠帶出內在靈感與信息？
同時，這也是你最能夠帶領他人釋放身心壓力的方法。

10｜靈魂完美的顯化
你最能用什麼方式，把想要的事情具體且輕鬆地顯化出來？
你做什麼事情時，最能展現「完美成真、完美顯化」的單純頻率？

9｜靈魂的渴望
你生命的意圖，以什麼狀態來展現呢？
靈魂的意願、想達成的渴望是什麼？又以什麼方式來完成生命的目的呢？

8｜靈魂的信念
你生命的價值觀、生命信念，什麼是重要的呢？
你的靈魂本身內在與生俱來的相信，是否能在具體行動上展現出來、活出內外整合？

7｜靈魂的共振
你如何能把自己帶回核心？不受外境而左右、把自己帶回中心點的方式是什麼？
你的靈魂是用什麼方式和他人共振呢？最能成為什麼樣的管道呢？

◎波符的顏色與形狀

波，就是波浪。當我們形容「浪頭」時，講的就是波浪走在最前面的，也是最高處。

因此，波符的頭、磁性的圖騰，正是帶頭的老大，因此「波符的顏色」以該圖騰為準。例如：紅龍波符就是紅色的波符。

波符跟海浪一樣，呈現一個有轉折彎度的樣貌。而轉彎處，意味著就是「改變方向」，也是比較需要停看聽、放慢速度「小心行駛」，而我們也會以「人生轉個彎了」來形容生活的改變，因此往往在轉彎處，也會想要有新的力量施展開來。

5、9轉彎，就是「與磁性圖騰相同顏色」的就會轉彎。因為圖騰只有四個顏色，因此從調性1的磁性出發，調性5超頻轉彎、調性9太陽轉彎，調性12的地方是接近波符尾巴，是勾回來、準備結束的意思，因此調性12水晶不是轉彎，最後在宇宙的位置畫上句點，完成。

例如，紅龍波符：紅色開頭、紅色轉彎、紅色結尾。

不只是轉彎，開頭1與結束13，也是相當重要。

磁性調性，就像開車上路時，啟動出發很重要；或者要開始做一件事情，起頭很重要，我們常說「頭過身就過」，起手式有做好，後面就能更順利了。

宇宙調性，是整條波的最後一個位置，就像我們開車回到家、停好車，平安回來。

相同顏色：1磁性、5超頻、9太陽、13宇宙。這四個位置是特別重要的關鍵力量點。

◎釐清困惑

許多人會問，同一條波符的就是同一條生命道路，難道人生都會很像嗎？

答案是，同樣波符的人，雖然有著同樣的生命架構，但靈魂仍會以獨特的方式來進展，活出獨一無二的自己。即便有相同的「生命目的」，仍會在實際生活中創造專屬於自己的劇本「來成完成這個目的」，活出全然不同的人生。

也有很多人好奇，波符中的13個Kin，是有年紀或階段區分的嗎？一個Kin掌管幾年嗎？

答案是，波符中的13個調性與圖騰都是「同時存在的」，也是擁有了13個必要的人生配備（全配的概念）。13個位置提供了生命中的關鍵提醒與指標訊息，13個提問則對應了13個答案，「問句在調性，答案在圖騰」，讓我們完整體驗這一生。

若是要詳細了解每一年是哪一個Kin所掌管的，可以參考第6章個人流年的部分。

20條波符的涵義

我們以當下的流日能量（日常生活的運用日期）為例，解釋波符的運作。若在日子裡遇到自己的生命波符時，這13天也正意味著你生命的微型縮影，把波符的13天過好，就能為自己的生命再次調頻校準、增加力量！

紅龍波符／創造波符：適合發起新事物的起頭開創課題

紅龍波開啟全新的生命循環，卓爾金曆嶄新的260天就是從這裡開始。從磁性紅龍到宇宙紅天行者的13天，某些回憶、舊時光的人事物將出現連結，讓我們重新感受並再次整理自己的生命，回溯過往生命經驗，並清理記憶、業力，靜心滋養，讓自己的心打開並安靜下來。

白巫師波符／魔法波符：快速顯化心想事成的魔法課題

白巫師波從磁性白巫師到宇宙白世界橋，我們在這13天，要練習「無時間」的感受，讓自己全然地活在當下，把關於過去與未來的意念都拉回此刻，透過靜心與內在觀察探問內在的答案。我們明白沒有時間就沒有死亡，更毋須執著。

藍手波符／實踐波符：做到才是真正知道的完成實踐課題

藍手波從磁性藍手到宇宙藍風暴，這13天是創造與改變的好時機。透過雙手能夠帶來一切的療癒能量，身體力行去實踐生活中想要完成的計畫，落實內心信念與價值的行動。這些行動與創造，將會帶來生活中自然而然的改變，不必反覆設想，做就對了。

黃太陽波符／覺醒波符：散發給予溫暖的小太陽課題

黃太陽波從磁性黃太陽到宇宙黃人，這是覺醒開悟的能量，讓自己的溫暖光芒照亮他人的心。一個覺醒的人，能明白所有智慧行動的展現，就是能負起全然的責任，真正的自由意志便是放下我執，進入散播喜悅與愛的能量之中。

紅天行者波符／國王波符[※]：體驗不同空間轉換的穿梭探索課題

紅天行者波從磁性紅天行者到宇宙紅蛇，我們將以全然的好奇心想要探索未知，這13天的生活會比較忙碌與奔波，也是一個跨越限制、跨越自我設限的練習好時機。可以多練習靜心，讓自己更穩定落實、脫皮蛻變，蛻去無法支持我們生命熱情的一切。

[※] 帕克・沃坦（Pacal Votan）國王出生與死亡印記都在這個波符，故亦稱為「國王波符」。

白世界橋波符／連接波符：看清楚為何放不下的斷捨離課題

白世界橋波從磁性白世界橋到宇宙白鏡，我們要練習讓自己放下、放手、放掉我執。清楚地看見所有的一切都是自己內在的反映，我們便能夠放下執著的意念，讓自己成為單純的橋樑與管道，當一個溝通協調的角色，連接著此岸與彼岸。

藍風暴波符／改變波符：迎接隨時可能改變的轉化課題

藍風暴波從磁性藍風暴到宇宙藍猴，我們要在這段時間體驗改變的發生，這樣的改變與轉化能量是自然而然的，或許也會一起翻起很多必須面對的議題。讓自己在這個徹底改變的過程中，如同孩子般地玩樂吧！保持輕鬆與幽默感，就能超越一切。

黃人波符／自由波符：爲全然的自己做出選擇的自由課題

從磁性黃人到宇宙黃種子，學會用自由意志來尊重自己，唯有如此才能為自己的生命與決定負起全然的責任，並且認出自己的潛力，相信自己必能豐盛地綻放，在耐心等待收成的時刻裡，體會甜美的果實終將到來，智慧的能量因此盛開。

紅蛇波符／生命力波符：打開身體力量與生命力的脫皮課題

紅蛇波有連續10天宇宙能量綠格子的開啟。從磁性紅蛇到宇宙紅地球，開啟身體全然的覺知，觀察自己身體的需求，讓自己的生命力、熱情與活力，藉由回歸天然飲食、自然療法的生活方式，來協助自己身心靈全面整合。同時也讓自己生命徹底汰舊換新，讓舊有模式真正脫皮褪去，這是成長的力量。

白鏡波符／眞相波符：拿著放大鏡看見清晰眞相的13天

白鏡波開始進入卓爾金曆宇宙中柱。從磁性白鏡到宇宙白狗，我們學會看見真相，就能看見愛！看見所有的一切，我們能更加明白真理就在自己之內，一切人事物也就是無窮無盡地映照我們自己罷了。唯有對自己誠實、承認發生的事實與真相，才能全然接納自我。

藍猴波符／遊戲波符：體驗玩耍遊戲的幽默人生課題

藍猴波是卓爾金曆宇宙正中央的起始點。從磁性藍猴到宇宙藍夜，像魔法小孩一樣擁有遊戲的天真單純與幽默，保持一顆遊玩的心，就是回到內在小孩的家。這段時間能夠協助我們看穿幻象與頭腦的把戲，回到單純好玩、有趣的狀態，讓我們勇敢夢想，讓自己能豐盛地美夢成真。

黃種子波符／豐收波符：耕耘並植入美好意念種子的課題

黃種子波有連續10天宇宙能量綠格子的開啟。從磁性黃種子到宇宙黃戰士，要我們清楚確定自己的目標，清楚知道自己要做什麼、要去到哪裡。我們在過程中必須學會勇敢的力量，不害怕、不退縮、不恐懼地往前進、往上成長，長出智慧的果實。

紅地球波符／共時波符：觀察生活中自然又巧合的課題

紅地球波從磁性紅地球到宇宙紅月，這段期間可以多出去踏青、接地氣與扎根，更可以留意生活裡共時事件的發生，讓水的能量協助我們清理與淨化，釋放卡住的情緒，展現真性情並讓情緒流動，越是順其自然、越是順流，我們的生命越能連結令人信賴的地球母親導航能量。

白狗波符／愛波符：讓自己沉浸在充滿愛的課題

白狗波從磁性白狗到宇宙白風，我們知道「愛」就是內在心靈的本質。在這愛的13天裡，我們要體驗對自己無條件的愛，對自己全然誠實、忠誠與疼愛，對別人說出你的需要或開口求助，練習愛的呼吸，在溝通表達中加入愛的元素，如實地說出真心話。

藍夜波符／豐盛波符：看見並感謝自己所擁有的豐盛課題

藍夜波從磁性藍夜到宇宙藍鷹，因為夢想遠大所以能夠看得更寬廣。因著格局視野的提升，我們更能清晰看見自己更深的內在與潛意識，在潛意識與夢境裡頭，我們看見自己內在無比的豐盛。藍夜波的13天，我們要好好犒賞自己，活出豐盛的品質。

黃戰士波符／智慧波符：體驗為自己出征的勇敢力量課題

黃戰士波從磁性黃戰士到宇宙黃星星，教會我們成為生命中無比勇敢的彩虹戰士，勇敢發問、無畏懼地探索生命中的疑問。在這13天，我們勇敢地面對問題、解決問題，接收靈感與創意，連結美麗與藝術的事物，活出時間就是藝術的品質。

紅月波符／水情緒波符：體驗感受瘋狂強烈的情緒療癒能量課題

紅月波從磁性紅月到宇宙紅龍，這個波符開啟綠色魔法城堡心想事成的能量。宇宙之水的能量協助我們滋養生命，清晰看見自己的情緒，便能回歸生命的源頭，連結古老智慧的傳承，以及正視自己與家庭的關係。

白風波符／精神波符：想著並說著美好語言的課題

白風波從磁性白風到宇宙白巫師，這段時間請保持對自己意念的覺察，觀照自己的想法與起心動念，意念所關注的，都會顯化成真。在靜心的活動中讓自己回到當下，唯有當下才能穿越一切時間的壓迫與限制。

藍鷹波符／視野波符：退一步海闊天空的寬廣視野課題

藍鷹波從磁性藍鷹到宇宙藍手，我們的目標就是要看得高、看得遠，讓自己的格局能夠放大。除了用銳利的眼睛洞察一切之外，還需要藍手強而有力的實踐行動來創造，一步一腳印地依著遠見來執行，就能創造出豐盛無比的能量。

黃星星波符／藝術波符：體驗靈感湧現的美麗課題

　　黃星星波從磁性黃星星到宇宙黃太陽，這是卓爾金曆最後一個波符，也是生命最終必須要到達的目的地，藉由自身的成長、覺醒與開悟的鍛鍊，讓自己成為那個溫暖發光的太陽，把生命的光芒與喜悅散播給身邊的人，藉由服務他人，讓自己的生命更美麗。

◎ 20個波符串連完成260天的循環

　　從紅龍的波符開始，我們在誕生的時刻開始感受到存在，會問著：「我是誰？」「我從哪裡來？」

　　我們知道，這個世界上所有的一切都能成真，跟魔法小孩一樣單純地相信，時間是不存在的（白巫師波符）。於是，我們開始運用雙手感知生活的一切，開始創造、開始進行療癒（藍手的波符），因著感受到的美好生命，於是我們分享，我們向他人給予溫暖與關懷（黃太陽波符）。生命繼續前進，我們越來越好奇，於是我們探索，從外在到內在不斷探索（紅天行者波）。走過了國王波符（紅天行者波），接著顯現的就是連結天地管道的能量（白世界橋波）。這兩個圖騰，是馬雅曆法裡從帕克・沃坦國王石棺印記帶出來最重要的兩個圖騰，剛好是互為支持的力量。這股相互支持的力量能為帶來生命的轉化與前進。

　　因此，緊跟在後的藍風暴波，帶來一連串的生命覺醒——走向真正的自由（黃人的波符），掀起浴火鳳凰的脫皮重生（紅蛇波），因此，更能看清真相與真實（白鏡波），不被幻象所蒙蔽（藍猴波），我們因此能更清楚知道自己的目標與潛力（黃種子波），能深深理解地球母親的共時導航（紅地球波），認出何謂愛的真相，就是無條件地愛著自己（白狗波），才能體驗內在潛意識與外在物質的豐盛（藍夜波），接著，我們就能無所畏懼地面對問

題、衍生智慧並找到答案（黃戰士波）。走到這裡，我們要正式進入「綠色中央施展魔法的城堡」了。

讓自己真正地流動起來（紅月波），說出心中真正想說的話、心口合一以及對的話語（白風波），帶來老鷹的洞見與輕盈飛翔（藍鷹波），因而更能接收來自上天的靈感與美的藝術生活（黃星星波），全然覺醒的開悟，並付出愛與服務。

身體全息圖

身體，有著所有我們生命的答案，每個人就像是行動的卓爾金曆（我們是活的曆法、行走在地球的自然法則實踐者），身上早已帶著260個完整的印記編碼，豐富的資源與配備來支援所有生命所需。

13個調性、20個圖騰，260個 Kin 都在我們身體之內。我們的身體就是一個小宇宙，共時對應到大宇宙「圖騰」與「調性」的頻率。身體總是誠實地傳遞訊息，若是我們能夠學會如何觀察自己、傾聽身體的訊息，便可以得到無窮的智慧。

圖騰對應到人體的20個小關節（手指和腳趾），而調性對應到人體的13個大關節。接下來，就讓我們來分別認識「圖騰」與「調性」如何對應連結我們的身體。

◎圖騰

從紅龍第一個位置來看，當我們比出數字1的時候，通常會用哪隻手？哪隻手指？答案通常是右手食指。所以，我們身上的圖騰就是從右手食指（紅龍）開始、右手中指（白風）、右手無名指（藍夜）……依此類推，而最後的黃太陽，會回到我們的右手大拇指，完成一個完整的循環；對應到日子裡，當20個手指與腳趾走完後，也完成一輪20天的圖騰小週期。

★順序：右手是1，右腳是2，左手是3，左腳是4，最後再回到右手。路徑順序形成一個無限大的符號。

當我們學習了圖騰符號的象徵訊息後，可以實踐應用在日常生活中，當我們任何一個手指頭或腳趾頭受傷、疼痛時，就可以問問自己，是不是這個圖騰來提醒我去關注一下了呢？

例如，右腳小趾頭（紅月）在我們走路時不小心受傷了，或許就是一個訊息，來提醒我們是否太過壓抑、最近情緒是否不穩定，更要照顧自己的心情平衡等。

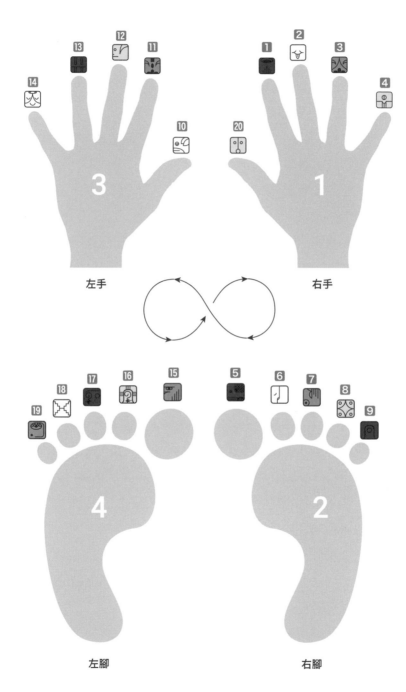

左手 右手

左腳 右腳

身體全息圖：圖騰

【右手】

1. 紅龍：右手食指

2. 白風：右手中指

3. 藍夜：右手無名指

4. 黃種子：右手小指

【左手】

10. 白狗：左手大拇指

11. 藍猴：左手食指

12. 黃人：左手中指

13. 紅天行者：左手無名指

14. 白巫師：左手小指

【右腳】

5. 紅蛇：右腳大拇趾

6. 白世界橋：右腳食趾

7. 藍手：右腳中趾

8. 黃星星：右腳無名趾

9. 紅月：右腳小趾

【左腳】

15. 藍鷹：左腳大拇趾

16. 黃戰士：左腳食趾

17. 紅地球：左腳中趾

18. 白鏡子：左腳無名趾

19. 藍風暴：左腳小趾

【右手】

20. 黃太陽：右手大拇指

練習：找出圖騰與身體相對應的位置──

1. 找出你的主圖騰位於身體的什麼位置。
2. 依序找出你的支持、挑戰擴展、隱藏推動、引導、女神力量以及 PSI，分別位於什麼位置。
3. 依照當日的頻率做指頭按摩。

◎調性

調性1磁性對應的位置是右腳腳踝，從這開始，一直到調性13宇宙的位置，即左腳的腳踝。

1.磁性：右腳腳踝　　　　　8.銀河星系：左肩膀

2.月亮：右腳膝蓋　　　　　9.太陽：左手手肘

3.電力：右邊髖關骨　　　　10.行星：左手手腕

4.自我存在：右手手腕　　　11.光譜：左邊髖關骨

5.超頻：右手手肘　　　　　12.水晶：左腳膝蓋

6.韻律：右肩膀　　　　　　13.宇宙：左腳腳踝

7.共振：頸椎

◎找出波符、圖騰與身體相對應的位置

依照個人主印記的波符，用身體走一次生命道路。請在圖上的每個位置畫上圖騰。

1.磁性的位置：生命的方向。此生的方向是這輩子靈魂要前進的目標，也可以說是使命和任務最重要的起始點。剛好是磁性位置的人，好比掌舵者，控制方向盤的人。這個身體部位容易受傷的人，可以觀察自己最近是否有找不到方向的迷惘感。

2.月亮的位置：心靈的黑暗面。包括心理陰影以及較為恐懼的部分。

3.電力的位置：生命的品質。內在的品質是什麼？當你帶著什麼品質來，你就最能給出這樣的品質。

4.自我存在的位置：服務的方式。你的靈魂想要提供什麼方式的服務呢？

5.超頻的位置：你的生命想要綻放什麼樣的力量？靈魂最大的力量是什麼？

6.韻律的位置：你的靈魂在此生想要達到溝通互動的平衡，要用什麼方式尋求人與人之間的平衡？你又是用什麼方式獲得與他人之間的平衡？

7.共振的位置：你是用什麼方式和他人共振？如何讓自己回到核心？你的核心是什麼？核心就是我們靈魂的中心點。

8.銀河星系位置：生命的信念。內在靈魂與生俱來的價值觀。你覺得什麼

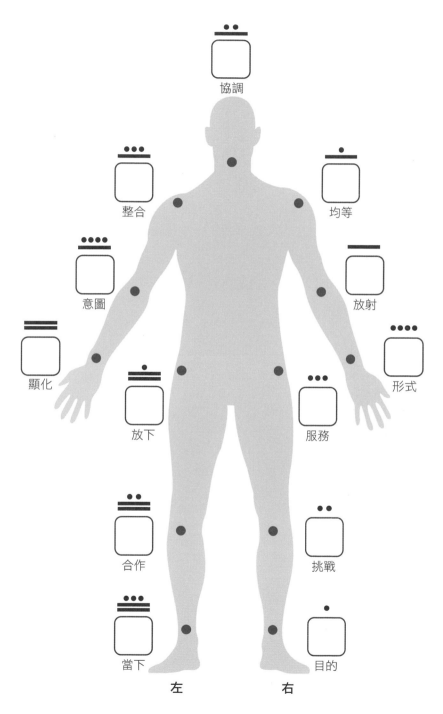

身體全息圖：調性與波符

是重要的？你相信什麼？信念是什麼？外在會依此呈現這樣的氛圍，實際出現在生命裡。而這個信念會告訴你內外整合的方法。

9. 太陽位置：生命的渴望。這個部位能具體看見自己的渴望是什麼，確定並活出自己的渴望。

10. 行星位置：生命完美的顯化與呈現。代表了你此生最能完整呈現自己的具體行動。

11. 光譜位置：靈魂釋放內在信息的方式。透過什麼方式把內我的信息釋放出來？

12. 水晶位置：生命的清晰度。靈魂對於什麼事情看得最清晰？此生和他人合作的項目是什麼？

13. 宇宙位置：生命的目的地。靈魂將要走到哪裡？你能以什麼形式分享愛與喜悅？

練習：身體全息圖的日常生活運用——

綜觀上述的圖騰及調性，我們可以做以下的自我觀察及練習：
1. 尋找自己的主印記在哪裡，好好按摩這個部位。
2. 好好觀察受傷的部位，覺察這個位置的頻率是否失衡。
3. 配戴飾品時，選擇想要加強的能量位置。

II

第 2 部

13：28 週期序

第 **5** 章

13:28與馬雅生日

　　13：28 代表曆法的13個月，每個月有28天。

　　星際馬雅13月亮曆，顧名思義，指的是一年有13個月份，以13個調性的頻率當做月份的主題，每個月的問句與關鍵頻率都與調性的解釋相同，我們可以看到萬年曆上的標示，一月份就是「磁性蝙蝠之月」。每個月有28天，28天代表了月亮繞行地球一圈的天數。因此，一整年會完成一共13個月亮的循環。一個月共有4週，依照紅、白、藍、黃的顏色頻率排列。一週有7天，依照等離子的頻率排列（參考208頁的放射等離子）。我們稱這樣每個月28天的週期、每年13個月亮的循環，組成的13：28序列，為「週期序」、「循環序」。

星際馬雅新年與無時間日

◎7月26日，整年度星際馬雅能量的定調

西元每年7月26日就是馬雅新年，這一天的能量則是定調（錨定）整年的頻率：包括顏色、調性、圖騰。大家一定會很好奇，為何是這個日子呢？因為西元7月26日這天，天狼星、太陽、地球，三行星會校準「在同一條線上」。因此，當我們開始學習這套星際馬雅曆法，也就是與銀河系整體共同的能量同步運作。

◎7月25日，無時間日

13月亮曆法是依照月亮繞地球一圈28天的週期所發展出來的曆法；7天為一週，28天為一個月，13個月為一年（13 × 28=364），再加上一天「無時間日」，總共365天。

「無時間日」的意義，就是讓我們在新與舊的年度之間，有個完整的一天，可以完全釋放舊的生活與思想，並重新擬訂新一年的方向或計畫。

這一天是「所有次元融合」的能量，因此西元7月25日這天生日的人，在曆法中並沒有幾月幾日來稱呼自己的生日（因為是「沒有日子」的），在「PSI表」裡也沒有對應的數字，因此主印記即是PSI印記（無論是要尋找哪一個次元的印記，都會回到主印記本身）。

在這天，適合以靜心音樂、舞蹈等藝術形式來歡慶的日子，世界各地的不同國家、不同文化，都會一起慶祝和平、宇宙之愛，度過「時間就是藝術」的一天。

在無時間日（西元7月25日）這天生日的人，似乎「就修這單一個功課就好」，因為承諾了單一個重點的生命功課、以一個主印記來象徵所有其他不同次元的頻率，以這樣的姿態來到地球，圓滿各個不同次元的自己。

萬年曆

　　回想西元曆法，每個月份開始跟結束的日期落在星期幾都不同，每隔四年還有一次閏月的2月29日，因此，日期排列會讓我們感覺有些混亂、難以記憶，無法以直覺去理解這個曆法的規則性。

　　13月亮曆法最特別的地方在於，日期的排列是有固定規律的，固定週期且一直重複循環。

　　每個月份固定四週，依照紅、白、藍、黃的順序，四個顏色各一週，每一週代表了四個月相。一週有7天，一個月28天。28天循環代表了一個月亮週期。每一年，總共會經歷13個月亮週期（13個月份），也就是13月亮曆法「13 MOON」名稱的由來。

　　如此萬年不變的固定循環，是用來校準我們日常生活的時間法則。

　　正如萬年曆所示，這套曆法的每一天，都會固定對應到某一個西元的日期，這是永遠不會改變的。

　　例如：曆法裡頭的1月14日，是磁性蝙蝠之月的第14天，對應到西元日期，就是8月8日。你也可以試著練習，依據今天的西元日期，來找出今天是馬雅13月亮曆的幾月幾日？

宇宙座標

依照 13 月亮曆法的規則，每年大宇宙的整體流年都有專屬的「宇宙年度能量」，及其對應的「宇宙座標」，這有點像中國人說的十二生肖，例如雞年、狗年，以此類推。

例如，2018 年 7 月 26 日開始的馬雅宇宙年是「宇宙紅月年」，2019 年 7 月 26 日開始的馬雅宇宙年是「磁性白巫師年」。

宇宙座標的寫法是以 NS 開頭，後面加上數字。NS 就是 New Sirius（新天狼星），NS 1.31 指的是新天狼星第一個週期的第 31 年。2017 年是水晶黃種子年，就是 NS 1.30，接下來是宇宙紅月，而其宇宙座標的年度寫法就是 NS 1.31。後面接著可以再把馬雅日期的「月、日」加上去，例如，宇宙紅月年 5 月 28 日，宇宙座標是 NS 1.31.5.28，其含意為新天狼星第一個週期的第 31 年 5 月 28 日。

魔法烏龜日

每個月份會有月份調性，7 月就是調性 7、8 月就是調性 8。而該月份的 28 天裡頭，「當天日子的調性」若與「當月的月份調性」相同時，就稱為「魔法烏龜日」。代表了這天的能量頻率會於當月份最對頻（頻率一樣、同頻共振的力量最強）。

例如在 3 月「電力鹿之月」碰到調性 3 的日子時，當天就是魔法烏龜日，可以依照當天日子的圖騰來做行動調頻，或者許願祈禱、做儀式等皆可。

找出自己的馬雅生日

如同你的西元生日，星際馬雅13月亮曆的生日也有年、月、日。在學習13月亮曆時，我們要尋找的是自己生命源頭的初始力量，除了認識自己的「主印記13:20」之外，認識自己的「馬雅生日13:28」也相同重要！接下來，我們看著「萬年曆」，照著步驟，找出自己的馬雅生日吧！

STEP 1　找到自己的馬雅出生年

對照**馬雅年份表**（206頁），查到自己的出生年份的圖騰及調性，以及宇宙座標的編碼。

表格中的西元年數字（月日），代表了當年的7月26日至隔年的7月25日。

　　例如，年份表左上角的1935年7月26日至1936年7月25日（1987年7月26日至1988年7月25日也是同一個年份），在這個區間裡，無論哪一天生日的人，都屬於同一個馬雅的宇宙年度（類似中國人生肖的概念）。

➡以生日1987年11月20日為例，對照出生年份欄位，會找到**銀河白巫師年**。

STEP 2　找到自己的馬雅出生月、週次與日期

以西元生日的月日對照**馬雅萬年曆**（206-207頁），會找到落在13月亮曆法的月日與週次及顏色力量※，這一天便是你的馬雅生日。

➡生日11月20日對照**馬雅萬年曆**（206-207頁），可找到馬雅生日為5月6日，超頻孔雀之月的第6天，週次是在紅色啟動之週。

額外說明：2月29日＝3月1日。在萬年曆上，沒有列出2月29日，因此生日是在西元2月29日生日的人，請直接看3月1日這天即可。

※ 週次分為紅色啟動之週、白色淨化之週、藍色蛻變之週、黃色成熟之週。

馬雅年份表

S/P MALDEK (28)	S/P PLUTO (388)	G/K JUPITER (52)	G/K MERCURY (4)
NS1.0 ••• 34 1935-36 1987-88	NS1.1 •••• 139 1936-37 1988-89	NS1.2 — 244 1937-38 1989-90	NS1.3 •— 89 1938-39 1990-91
NS1.4 == 194 1939-40 1991-92	NS1.5 •••— 39 1940-41 1992-93	NS1.6 • 144 1941-42 1993-94	NS1.7 •• 249 1942-43 1994-95
NS1.8 •••• 94 1943-44 1995-96	NS1.9 ••• 199 1944-45 1996-97	NS1.10 — 44 1945-46 1997-98	NS1.11 •— 149 1946-47 1998-99
NS1.12 •— 254 1947-48 1999-2000	NS1.13 ••• 99 1948-49 2000-01	NS1.14 •••• 204 1949-50 2001-02	NS1.15 — 49 1950-51 2002-03
NS1.16 == 154 1951-52 2003-04	NS1.17 ==• 259 1952-53 2004-05	NS1.18 == 104 1953-54 2005-06	NS1.19 • 209 1954-55 2006-07
NS1.20 •• 54 1955-56 2007-08	NS1.21 ••• 159 1956-57 2008-09	NS1.22 •••• 4 1957-58 2009-10	NS1.23 — 109 1958-59 2010-11
NS1.24 •— 214 1959-60 2011-12	NS1.25 ••— 59 1960-61 2012-13	NS1.26 ••• 164 1961-62 2013-14	NS1.27 •••• 9 1962-63 2014-15
NS1.28 == 114 1963-64 2015-16	NS1.29 •— 219 1964-65 2016-17	NS1.30 •— 64 1965-66 2017-18	NS1.31 == 169 1966-67 2018-19
NS1.32 • 14 1967-68 2019-20	NS1.33 •• 119 1968-69 2020-21	NS1.34 ••• 224 1969-70 2021-22	NS1.35 •••• 69 1970-71 2022-23
NS1.36 — 174 1971-72 2023-24	NS1.37 •— 19 1972-73 2024-25	NS1.38 ••— 124 1973-74 2025-26	NS1.39 •••— 229 1974-75 2026-27
NS1.40 •••• 74 1975-76 2027-28	NS1.41 — 179 1976-77 2028-29	NS1.42 •— 24 1977-78 2029-30	NS1.43 ••— 129 1978-79 2030-31
NS1.44 ••— 234 1979-80 2031-32	NS1.45 • 79 1980-81 2032-33	NS1.46 •• 184 1981-82 2033-34	NS1.47 ••• 29 1982-83 2034-35
NS1.48 •••• 134 1983-84 2035-36	NS1.49 — 239 1984-85 2036-37	NS1.50 •— 84 1985-86 2037-38	NS1.51 •• 189 1986-87 2038-39

• 磁性蝙蝠之月

1 7/26	2 7/27	3 7/28	4 7/29	5 7/30	6 7/31	7 8/1
8 8/2	9 8/3	10 8/4	11 8/5	12 8/6	13 8/7	14 8/8
15 8/9	16 8/10	17 8/11	18 8/12	19 8/13	20 8/14	21 8/15
22 8/16	23 8/17	24 8/18	25 8/19	26 8/20	27 8/21	28 8/22

•• 月亮蠍子之月

1 8/23	2 8/24	3 8/25	4 8/26	5 8/27	6 8/28	7 8/29
8 8/30	9 8/31	10 9/1	11 9/2	12 9/3	13 9/4	14 9/5
15 9/6	16 9/7	17 9/8	18 9/9	19 9/10	20 9/11	21 9/12
22 9/13	23 9/14	24 9/15	25 9/16	26 9/17	27 9/18	28 9/19

••• 電力鹿之月

1 9/20	2 9/21	3 9/22	4 9/23	5 9/24	6 9/25	7 9/26
8 9/27	9 9/28	10 9/29	11 9/30	12 10/1	13 10/2	14 10/3
15 10/4	16 10/5	17 10/6	18 10/7	19 10/8	20 10/9	21 10/10
22 10/11	23 10/12	24 10/13	25 10/14	26 10/15	27 10/16	28 10/17

•••• 自我存在貓頭鷹之月

1 10/18	2 10/19	3 10/20	4 10/21	5 10/22	6 10/23	7 10/24
8 10/25	9 10/26	10 10/27	11 10/28	12 10/29	13 10/30	14 10/31
15 11/1	16 11/2	17 11/3	18 11/4	19 11/5	20 11/6	21 11/7
22 11/8	23 11/9	24 11/10	25 11/11	26 11/12	27 11/13	28 11/14

— 超頻孔雀之月

1 11/15	2 11/16	3 11/17	4 11/18	5 11/19	6 11/20	7 11/21
8 11/22	9 11/23	10 11/24	11 11/25	12 11/26	13 11/27	14 11/28
15 11/29	16 11/30	17 12/1	18 12/2	19 12/3	20 12/4	21 12/5
22 12/6	23 12/7	24 12/8	25 12/9	26 12/10	27 12/11	28 12/12

•— 韻律蜥蜴之月

1 12/13	2 12/14	3 12/15	4 12/16	5 12/17	6 12/18	7 12/19
8 12/20	9 12/21	10 12/22	11 12/23	12 12/24	13 12/25	14 12/26
15 12/27	16 12/28	17 12/29	18 12/30	19 12/31	20 1/1	21 1/2
22 1/3	23 1/4	24 1/5	25 1/6	26 1/7	27 1/8	28 1/9

7月25日
無時間日

宇宙烏龜之月						
1 6/27	2 6/28	3 6/29	4 6/30	5 7/1	6 7/2	7 7/3
8 7/4	9 7/5	10 7/6	11 7/7	12 7/8	13 7/9	14 7/10
15 7/11	16 7/12	17 7/13	18 7/14	19 7/15	20 7/16	21 7/17
22 7/18	23 7/19	24 7/20	25 7/21	26 7/22	27 7/23	28 7/24

水晶兔子之月						
1 5/30	2 5/31	3 6/1	4 6/2	5 6/3	6 6/4	7 6/5
8 6/6	9 6/7	10 6/8	11 6/9	12 6/10	13 6/11	14 6/12
15 6/13	16 6/14	17 6/15	18 6/16	19 6/17	20 6/18	21 6/19
22 6/20	23 6/21	24 6/22	25 6/23	26 6/24	27 6/25	28 6/26

光譜蛇之月						
1 5/2	2 5/3	3 5/4	4 5/5	5 5/6	6 5/7	7 5/8
8 5/9	9 5/10	10 5/11	11 5/12	12 5/13	13 5/14	14 5/15
15 5/16	16 5/17	17 5/18	18 5/19	19 5/20	20 5/21	21 5/22
22 5/23	23 5/24	24 5/25	25 5/26	26 5/27	27 5/28	28 5/29

●週次說明：紅色啟動之週、白色淨化之週、
　藍色蛻變之週、黃色成熟之週
●7月26日是馬雅年度的第一天
●西元2月29日，設定與3月1日同一天

行星狗之月						
1 4/4	2 4/5	3 4/6	4 4/7	5 4/8	6 4/9	7 4/10
8 4/11	9 4/12	10 4/13	11 4/14	12 4/15	13 4/16	14 4/17
15 4/18	16 4/19	17 4/20	18 4/21	19 4/22	20 4/23	21 4/24
22 4/25	23 4/26	24 4/27	25 4/28	26 4/29	27 4/30	28 5/1

共振猴子之月						
1 1/10	2 1/11	3 1/12	4 1/13	5 1/14	6 1/15	7 1/16
8 1/17	9 1/18	10 1/19	11 1/20	12 1/21	13 1/22	14 1/23
15 1/24	16 1/25	17 1/26	18 1/27	19 1/28	20 1/29	21 1/30
22 1/31	23 2/1	24 2/2	25 2/3	26 2/4	27 2/5	28 2/6

銀河星系鷹之月						
1 2/7	2 2/8	3 2/9	4 2/10	5 2/11	6 2/12	7 2/13
8 2/14	9 2/15	10 2/16	11 2/17	12 2/18	13 2/19	14 2/20
15 2/21	16 2/22	17 2/23	18 2/24	19 2/25	20 2/26	21 2/27
22 2/28	23 3/1	24 3/2	25 3/3	26 3/4	27 3/5	28 3/6

太陽豹之月						
1 3/7	2 3/8	3 3/9	4 3/10	5 3/11	6 3/12	7 3/13
8 3/14	9 3/15	10 3/16	11 3/17	12 3/18	13 3/19	14 3/20
15 3/21	16 3/22	17 3/23	18 3/24	19 3/25	20 3/26	21 3/27
22 3/28	23 3/29	24 3/30	25 3/31	26 4/1	27 4/2	28 4/3

放射等離子

等離子是心電傳輸的單位；七個放射等離子，是構成宇宙的基本部分。這是一個能量脈衝的概念，就像是中醫談到的「氣脈」，也就是「氣」呈現與集中的狀態，我們能夠感受到能量的流動之中有其電流。人體系統的七脈輪（就是左右兩脈與氣的交會處）就是七個等離子的接收器，透過七脈輪的接收，放射等離子能量振動，能激發所對應的七個脈輪能量中心。

每個等離子也依序對應到一週裡的七天，依照螺旋的轉動順序，激發該脈輪的能量點。你的馬雅生日日期所對應到的脈輪，就是生命能量最重要的脈輪點。例如Dali對應到「頂輪」，關鍵字是「目標」，對應每個月的第1、8、15、22天。以馬雅生日5月6日為例，這天是超頻孔雀之月的第6天，等離子就是LIMI 6⬤，性質是淨化，對應的脈輪是胃輪。

底下這段文字出自《獵戶瞳孔》一書，可以讓大家更了解等離子的功用。※

　　氣，是我們生命所需的能源。在時間法則科學下，藉由有意識呼吸所進入身體內的氣，是等離子的乙太營養素。

　　氣位於七個放射等離子中，各有不同的特色和力量。在有意識地吸入後，放射等離子會進入不同的脈輪，強化心理機能。在13月亮曆中，我們每一週7天會啟動不同的脈輪和放射等離子。

　　這些放射等離子每日作用後，我們就可從身體內部啟動宇宙與太陽電力。……這會加速消去我們在第三次元個體中的較弱力量，也能幫助我們校準第五次元的自我，啟動更高位的宇宙靈魂個體。

——史蒂芬妮・南，《獵戶瞳孔》

※《獵戶瞳孔：通往跨次元存在之門，開啟宇宙編年史的大鑰匙》一書曾提到：在宇宙科學中，等離子使宇宙充滿了電力、電流、電磁場與放射力線。宇宙存在數個分類的電荷與等離子，於不同層次或時刻進行持續的交互作用，而塑造出宇宙中的不同可能性，因此，整個宇宙就像一個電路板。

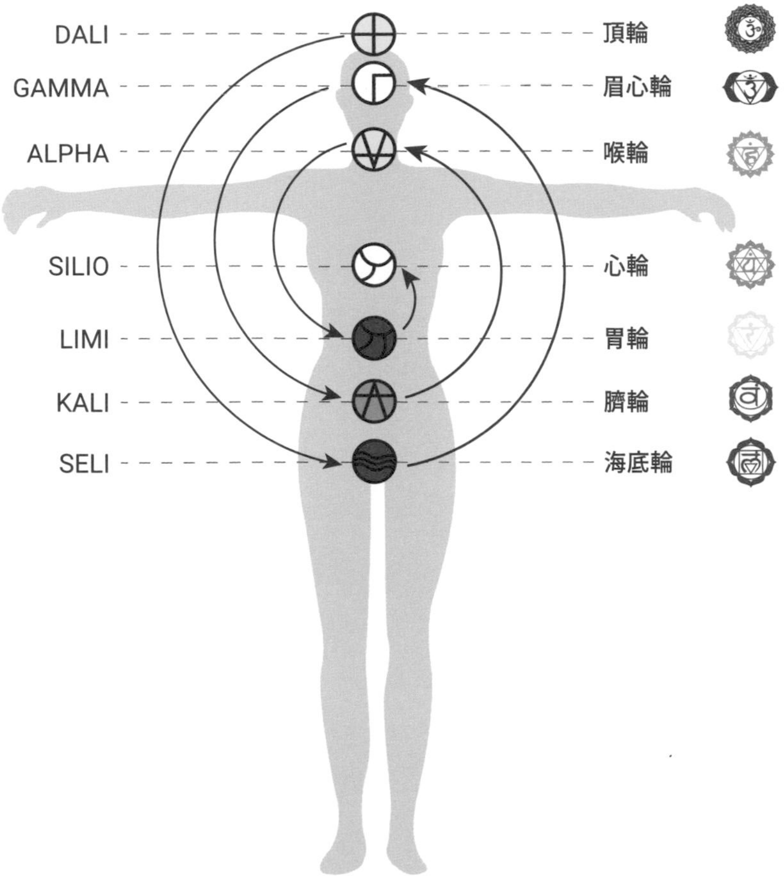

放射等離子示意圖

等離子與日期對應表

等離子符號	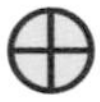		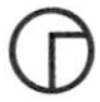			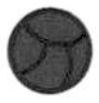	
發音	DALI	SELI	GAMMA	KALI	ALPHA	LIMI	SILIO
性質	目標	流動	平靜	建立	釋放	淨化	發射
對應脈輪	頂輪	海底輪	眉心輪	臍輪	喉輪	胃輪	心輪
對應日期	1	2	3	4	5	6	7
	8	9	10	11	12	13	14
	15	16	17	18	19	20	21
	22	23	24	25	26	27	28

◎等離子對應七脈輪

脈輪一字，源於梵文的「Chakra」，有圓盤、漩渦、輪子等意思，顧名思義，就像輪子般不停轉動，調節著整個系統的生命能量循環。人的身體裡一共有七個主要脈輪，從身體中軸往外，一直到身體外皮膚上方3到4吋之處，分別位於脊椎底端至頭頂的七個點上，每一個脈輪都有特定的振動頻率，影響著人的身心狀態，並分別對應重要的神經叢和內分泌腺體。

每一個等離子，都對應並能激發一個脈輪，找到自己生日對應的等離子後，除了這是你最重要的等離子與可以好好照顧的脈輪點之外，日常應用上可以這樣做：

日子走到 Dali 的日子時，頂輪……

頂輪在頭頂上方正中央，從耳朵兩側拉一條線、眉心拉一條線上去交會處，就是正中央的百會穴，是在身體的脈輪裡最靠近天的脈輪，與上天連結、接收靈性的指引與信任宇宙的安排。Dali講的就是目標，如果你的生日等離子或在Dali的日子，能再次確認自己的目標是什麼、有沒有對準我們生命藍圖，讓我們的目標與宇宙能量對頻校準。

當我們盤坐時，身體就像一個金字塔，頂輪如同金字塔頂端（或是水晶柱尖端）就是我們的發射器，想像這個目標就是要發射到宇宙、對準大我能量。

日子走到 Seli 的日子時，海底輪……

海底輪在我們的會陰部，可以收縮一下會陰部，感受一下海底輪的能量在身體這個位置。海底輪在主題上主要是掌管生存跟家族能量的連結、行動力、物質生活，接地氣、扎根、落地等等。

Seli流動是來自於生命力的能量、行動力的能量，是有執行力的、行動力的、安全感的，所以如果海底輪能量停滯或常卡住，就會覺得這個人跟物質世界沒有那麼接地氣的感覺，會感覺比較飄，意思就是海底輪沒有扎根。如果你的生日等離子在Seli，海底輪能平衡且流動，也會跟物質世界有很好的關係，是不焦慮的、有安全感、很安在、有隸屬感。

日子走到Gamma的日子時，眉心輪……

眉心輪在兩眉中間的位置，是平靜的品質。眉心輪是靈性第三眼、直覺力和洞見，能夠看穿眼前的表現，讓自己在一種比較平靜、寧靜的狀態去靜觀一件事情，這是眉心輪要練的能力。如果你的生日等離子在Gamma，眉心輪不夠平靜且混亂的話，會容易被外在物質世界的表現給蒙蔽，會看不清楚什麼是真什麼是假，也會濫用直覺力，好像在混亂中得到一些訊息，你會誤以為這是自己的直覺第六感，但其實接受到的是雜訊。

眉心輪的能力是要去練習，能夠在一種很平靜、寧靜、高清晰的狀態，因為這是我們靈性第三眼，它的位置高於我們的肉眼，會用更高的視野去看到你正面臨的這些事情，讓平靜的洞察力、直覺力包括靈視力，能真正發揮出來。

日子走到Kali的日子時，臍輪……

臍輪就在我們丹田的區域，是我們子宮、卵巢和生殖系統，是一個性能量區段、包括人際關係，感受到開心和喜悅，去享受關係給予的滋養。掌管喜悅的情緒，以及你能不能夠跟人親密，根源是你跟媽媽之間的關係，因為我們都是從媽媽的臍帶相連而來，這個區段確實會有很多跟母親之間的連結，更會影響你掌管金錢的吸引力還有豐盛感。

如果你生日等離子是Kali，關鍵是建立人際關係、親密關係，包括建立與自己的親密感，更要連結自己內在的性能量，這股驅動力就是創造力。性能量的驅動力，替我們的生命帶來強大的創造力，能建立想要的物質世界與豐盛創造。

日子走到Alpha的日子時，喉輪……

喉輪在脖子喉嚨與鎖骨這個區塊整圈，關於表達、創造和溝通。Alpha是釋放，而所謂的釋放就是去說你想說的，把內在的訊息和心聲釋放出來，所有那些想表達的、想說的、想創造的。

如果你生日等離子是Alpha，喉輪也是你可以發揮創意、創造力的代表

區域，有很多創造性的想法去呈現，更是創意的展現。「你是怎麼展現你自己的、你想要如何表達你自己」這是很重要的事。很多人的喉輪能量卡住，不只是說不出話來，包括更多內在的情緒無法說、說不出口、無法釋放出能量來，感覺綁手綁腳，想說什麼但不敢說，或者感覺無奈無力而導致不想說，想呈現什麼不敢呈現，很怕別人怎麼看自己，或擔心說講了會怎麼樣，我這樣做別人會不會覺得我不是個友善的人，這些擔憂都是喉輪失去平衡，創造性被阻礙。

日子走到Limi的日子時，胃輪……

胃輪的位置就是在你的胃部，就是太陽神經叢的區域。等離子Limi的淨化，是關於「不屬於我的情緒與價值」都要好好被淨化，胃輪能量掌管關於自己個人力量、意志力、自尊、自我認同、你是誰，界線很清楚，自主性比較不會被他人給勾動，太陽神經叢就像鉤子一樣會去勾動很多不屬於你的情緒、不屬於你的想法、不屬於你的感受，所以這個界線要清晰、要清楚，就更能展現你個人的自我價值。

如果你生日等離子是Limi，關鍵品質就是淨化，就是去辨別哪些是你的，哪些不是你的，界線議題的釐清，把「非你的」排除在外，才能真正回到核心。

日子走到Silio的日子時，心輪……

心輪的位置，在兩乳中間、胸口正中央、膻中穴的位置，掌管了愛、給予跟接受的平衡。Silio的關鍵品質是發射，顧名思義心輪就是愛的發射器。愛不只是給予跟付出，更是要學會接受、寬容、接納和包容。

如果你生日等離子是Silio，往往會有很能給出愛、很習慣付出愛，但不太習慣接受愛的一種模式。若我們一直給出而沒有接受，別人想要對你好、想要幫你，想要給你什麼你都收不進來，這樣的心輪也是失衡的。要開始去練習更多是對自己的寬恕和包容，能給予自己足夠的空間去活出生命、更接納自己。

七天的串連與開展……

我們可以這樣串連，從 Dali 1、Dali 8、Dali 15、Dali 22，每週一開頭都能再次確認我們的目標跟我們的方向。Dali 是紅白藍黃週的第1天，確認好目標方向後就能繼續往下走；第2天 Seli 就是流動我們的生命力，在物質世界中可以有很好的連結；第3天 Gamma 從眉心保持寧靜關注觀察；第4天 Kali 在臍輪，建立人與人之間的關係、也跟自己建立良好開心的關係；第5天來到喉輪 Alpha，更多的創造性去展示、展現和表達自己；第6天來到 Limi，放下這不屬於我們的，劃清界線，可以說不，不需要硬撐；最後一天心輪 Silio，只要是走到 Silio 日子對應的是心輪，Silio7、14、21、28，這4天非常適合做馬雅彩虹橋靜心。

七大脈輪說明表

脈輪	關鍵字	概念字	脈輪位置	簡述
頂輪 3。	知曉 體悟 超越意識	連結 合一 精神層次	頭頂中心	頂輪主要掌管宇宙智慧、更高次元的力量，以及和世界為一體的感覺。
眉心輪	洞見 直覺力 想像力	直覺 逆向思考 好點子	前額中間眉心處	眉心輪主要掌管洞察力和視覺化能力，以及看穿幻象的觀察者智慧。
喉輪	聲音 溝通 創造力	創造 溝通 表達	喉嚨前後	喉輪主要掌管自我表達的方式、溝通與創造力展現。
心輪	愛 平衡 親和力	接納 溫柔 允許接受	胸口中心	心輪主要掌管愛的給予，以及接受、寬恕與接納包容。
胃輪	個人力量 意志力 自尊	自我認同 自主性 界線清楚	肚臍與胸骨的中間	胃輪主要掌管你在團體中的感覺、力量展現與界線議題。
臍輪 a	情緒 感受力 喜悅	信任感 親密感 性能量	恥骨到肚臍中間	臍輪主要掌管金錢吸引力、情感吸引力、豐盛的關係。
海底輪	生存 身體 家族	隸屬感 行動力 專注當下	脊椎尾端	海底輪的能量主要掌管與物質生活、生命力的聯繫，使人感覺安全放心。

◎呼吸調頻練習

　　找到自己生日的等離子，閱讀一下等離子的文字與脈輪關鍵字。閉起眼睛、深呼吸、輕輕的發出等離子的拼音（唸出聲來），感受這個等離子的性質，並且激活這個脈輪的位置，開啟該脈輪的平衡頻率。

　　以 LIMI 6●為例，性質是淨化，對應胃輪。輕唸 LIMI，把觀察的注意力放在胃部，深呼吸帶到胃跟後背的整圈區塊。透過呼吸，想像它能協助我淨化五臟六腑，增加個人力量、意志力與自尊……

練習：排出你的星際馬雅13月亮曆生日與等離子──

1. 你的馬雅出生年的主印記是什麼？圖騰是什麼？關鍵字是什麼呢？你要學習什麼？

2. 你的馬雅出生年的調性是什麼？關鍵字是什麼呢？問句是什麼？力量動物是什麼？你要學習什麼？

3. 你是在哪一個馬雅月份出生？關鍵字是什麼呢？月份調性的關鍵問句是什麼？力量動物是什麼？你要學習什麼？

4. 你是在哪一個馬雅週出生？紅、白、藍、黃，哪一個？顏色的關鍵字是什麼呢？

5. 你是出生在哪個日期？對應到的等離子是什麼？性質、脈輪？你要學習什麼？

PSI／行星記憶資料庫

PSI指的是「行星記憶資料庫」，也就是我們常聽到的靈魂阿卡西紀錄（Akashic Records），是人類的雲端資料庫。每一天都有對應的PSI，以當天的「馬雅月日」尋找。我接下來將帶著大家一起找到自己的PSI。

個人的PSI，就以每個人的「馬雅生日」對應。無論是地球上或是銀河星系裡，在這一天發生的所有事，都會透過宇宙能量的連結，上傳到PSI的記憶庫當中儲存起來。因此，同月同日誕生的人，PSI就會是同一個。

PSI就像是一個銀行，是靈魂記憶的儲存源頭，也是你的天賦力量中更高維度或第四次元的自己。這個源頭的資料庫，是集體共同灌注的資訊庫。除了星系印記組合盤之外，PSI是另一個讓你參考學習的力量，更是可以提取資源配備的銀行。就好像有網友上傳了自己克服困難的心路歷程，然後你Google就可以找得到、而且可以學習或下載他的經驗的概念。

個人生日當天的PSI，不僅是你，在這一天裡整個地球上所有人都在傳送資料，把發生的事情都上傳到這個印記資料庫裡，因此你生日當天可以做一些有意義的事，讓自己的PSI資料庫增添力量。依此類推，在365天的每個日子裡，我們都可以做些祝福祈禱或善念善行，宇宙就會把這些意念行動上傳儲存到當天的PSI，而這世界上需要這些資源的人都能透過「與當天的PSI印記連結」進行資源下載、調度頻率來使用。

每個月都有12天是綠格子，分別是前6天（第1至6天）、後6天（第23至28天）。每當PSI遇到綠格子的日子，宇宙能量便會特別大，擁有三倍的能量。行星記憶資料庫的容量特別大，連續3天共用一個PSI，能量連續開啟3天。

◎找出自己的PSI

STEP 1 **找到馬雅生日**

依205頁的步驟找到自己的馬雅生日。

➡以生日1987年11月20日為例，馬雅生日為5月6日。

STEP 2 **找到PSI**

對照右頁**PSI表**找出PSI。

➡在表中找到5月6日（5.6）的位置，再對照卓爾金曆，得到PSI為**水晶紅地球** 。

★馬雅生日為每月的1、2、3日時，就對照「月份數字.1」。

★馬雅生日為每月的4、5、6日時，就對照「月份數字.6」。

★馬雅生日為每月的23、24、25日時，就對照「月份數字.23」。

★馬雅生日為每月的26、27、28日時，就對照「月份數字.28」。

練習：尋找並連結自己的PSI──

尋找自己的PSI，並將PSI的組合盤畫出來（PSI作為主印記），這代表了高維度的自己，靈魂記憶的源頭。

1.你的PSI主印記圖騰是什麼？關鍵字是什麼呢？你要學習什麼？

2.你的PSI的調性是什麼？關鍵字是什麼呢？問句是什麼？力量動物是什麼？你要學習什麼？

3.你的PSI的波符是什麼？這代表了你更高維度的靈魂生命道路。

PSI表

1.1	2.9	3.11	4.11	5.11	6.11	6.21	8.9	8.19	9.19	10.19	11.19	1.23
1.7	2.1	3.12	4.12	5.12	6.12	6.22	8.10	8.20	9.20	10.20	2.23	12.21
1.8	2.10	3.1	4.13	5.13	6.13	7.7	8.11	8.21	9.21	3.23	11.20	12.22
1.9	2.11	3.13	5.1	5.14	6.14	7.8	8.12	8.22	5.23	10.21	11.21	13.7
1.10	2.12	3.14	4.14	7.1	6.15	7.9	8.13	7.23	9.22	10.22	11.22	13.8
1.11	2.13	3.15	4.15	5.15	9.1	7.10	9.23	9.7	10.7	11.7	12.7	13.9
1.12	2.14	3.16	4.16	5.16	10.1	7.11	10.23	9.8	10.8	11.8	12.8	13.10
1.13	2.15	3.17	4.17	8.1	11.1	7.12	11.23	8.23	10.9	11.9	12.9	13.11
1.14	2.16	3.18	6.1	5.17	12.1	7.13	12.23	9.9	6.23	11.10	12.10	13.12
1.15	2.17	4.1	4.18	5.18	13.1	7.14	13.23	9.10	10.10	4.23	12.11	13.13
1.16	2.18	4.6	4.19	5.19	13.6	7.15	13.28	9.11	10.11	4.28	12.12	13.14
1.17	2.19	3.19	6.6	5.20	12.6	7.16	12.28	9.12	6.28	11.11	12.13	13.15
1.18	2.20	3.20	4.20	8.6	11.6	7.17	11.28	8.28	10.12	11.12	12.14	13.16
1.19	2.21	3.21	4.21	5.21	10.6	7.18	10.28	9.13	10.13	11.13	12.15	13.17
1.20	2.22	3.22	4.22	5.22	9.6	7.19	9.28	9.14	10.14	11.14	12.16	13.18
1.21	3.7	4.7	5.7	7.6	6.16	7.20	8.14	7.28	10.15	11.15	12.17	13.19
1.22	3.8	4.8	5.6	6.7	6.17	7.21	8.15	9.15	5.28	11.16	12.18	13.20
2.7	3.9	3.6	5.8	6.8	6.18	7.22	8.16	9.16	10.16	3.28	12.19	13.21
2.8	2.6	4.9	5.9	6.9	6.19	8.7	8.17	9.17	10.17	11.17	2.28	13.22
1.6	3.10	4.10	5.10	6.10	6.20	8.8	8.18	9.18	10.18	11.18	12.20	1.28

第 **6** 章

個人流年與
260天流日調頻魔法

找到自己的流年印記與波符

　　流年，就是以自己的「生日」當天做切點，生日這天的星系印記，是接下來一整年的主要能量，我們稱為個人的「流年主印記」。這個星系印記的能量會支持你一整年，直到下一年的生日前一天為止，因此，每年的生日就是切換新的流年能量的日子。而根據流年印記Kin的數字往前推算，找到調性1磁性的位置，就能找到流年印記所屬的「流年波符」。

➡接下來以生日7月20日為範例計算2018年的流年印記與波符。

STEP 1　找出流年印記

2018年7月20日至2019年7月19日的流年：計算出2018年7月20日當天的星系印記：**Kin163共振藍夜** 。

STEP 2　找出流年波符

對照**卓爾金曆**（34頁），找出Kin163的波符為**紅地球波**。

依此類推，可以找出任何一年的流年能量（更宏觀的52流年盤，又稱52流年命運城堡，請見228頁）。

如何善用流年能量——

1. 這天開始的能量會影響一整年，可以學習活用這個星系印記的優勢能量。
2. 畫出流年星系印記的組合盤，參考引導、支持、隱藏推動、挑戰擴展。
3. 畫出流年的波符能量，並帶出13個問句與答案的生命道路，看懂關鍵的提醒。
4. 找到調性的力量動物，多與力量動物連結。可以穿戴相關圖案的飾品或衣服配件，也可以把力量動物圖片放在顯眼常見的地方，例如手機或電腦桌面，想想看：「這個動物可以讓我學習到什麼？」
5. 直到隔年生日切換成新的能量。可以在生日來到的前一天，依照上述方式，開始爲新的一年做準備。

◎解讀自己的流年盤

運用「星際護照」來繪製流年的星系印記與波符。

一、流年主印記的優勢能量： 一整年最能發揮的天賦才華與特質。

1. 圖騰是什麼？關鍵字是什麼呢？你要學習什麼，可以發揮什麼天賦？
2. 調性是什麼？關鍵字是什麼呢？問句是什麼？要跟什麼力量動物學習？
3. 今年有什麼計畫要開展嗎？這個圖騰要帶給你什麼訊息或啟發呢？

二、流年支持的優勢能量： 好好運用什麼特質？多做什麼事情？以這些方式回頭支持自己。

1. 圖騰是什麼？關鍵字與學習的課題是什麼？

2. 可以好好運用什麼特質來支持自己？可以多做什麼事情與行動來提升改變的動能？

3. 有沒有認識這個支持圖騰的人呢？可以一起互相支持激勵一下，看看能否帶給你什麼訊息或啟發？

三、流年挑戰擴展的優勢能量： 好好運用什麼特質？多做什麼事情？以這些方式擴展自己的能量。

1. 圖騰是什麼？關鍵字是什麼呢？你要透過這個擴展的力量來學習什麼愛的課題呢？

2. 今年有沒有想要練習跨越自己哪些困境？想要突破自己哪些舒適區？可以透過這個圖騰的提示，好好運用些什麼特質？可以多做什麼事情來幫助自己擴展呢？

3. 有沒有認識這個擴展圖騰的人？可以一起互相擴展一下，看看能否帶給你什麼訊息或啟發？

四、流年引導的優勢能量： 好好運用什麼特質？多做什麼事情？以這些方式完成夢想。

1. 圖騰是什麼？關鍵字及展現的方式是什麼？

2. 寫一下今年的夢想清單，可以在這一年好好來實踐夢想的力量。透過這個圖騰的引導，可以好好完成它。

3. 找到這個引導圖騰的人。無論他的性別、角色或身分是什麼，都可以跟他聊聊、向他請益，會帶給你新的訊息與啟發唷！

五、流年隱藏推動的優勢能量： 好好運用什麼特質？多做什麼事情？以這些方式把潛能發揮出來，推動生命、朝向目標邁進。

1. 圖騰及調性是什麼？關鍵力量與學習課題是什麼？

2. 這是今年的隱藏力量，也代表了今年比較容易忽略的地方，或者無法看見自己其實有這樣的能力。透過這個圖騰，讓我們重新認回自己的力量！拿回潛能，活出潛力！

3. 有沒有認識這個隱藏圖騰的人？可以一起互相照鏡子，從對方身上認出自己的力量，可以互動推動一下，看看能否帶給你什麼訊息或啟發？

六、流年波符：畫出你流年主印記的波符，代表這一年的學習道路。跟著波符的13個問句，走一遍自己的道路。

　　了解流年的波符是走在哪一條道路上，當年的主題是什麼，當年的道路有需要注意哪些地方，更重要的是如何運用優勢力量，讓自己這一年走得更順、更開展，再搭配流年星系印記的五大神諭力量，更是全方位的看見。

1. **今年的方向。**這一整年的靈魂目的、前進的目標、想要吸引什麼、今年的使命和任務最重要的起始點。

2. **今年的挑戰。**這一年可能會遇到的黑暗面，包括心理陰影、比較容易挑起二元對立的，比較恐懼的方面是什麼？

3. **今年服務的品質。**這一年最重要的、想給出的內在品質是什麼？

4. **今年想以什麼具體的方式與形式的來服務呢？**這一年最能穩定自己、安定自己的方式什麼？

5. **今年最大的力量是什麼？**這一年想要綻放什麼樣的力量？獲得最大力量的方式是什麼？

6. **今年想要獲得平衡的關鍵。**在人際間溝通互動、尋求關係平衡的方法是什麼？

7. **今年最能帶領自己回到核心的方式是什麼？**這一年最能以什麼頻率和他人共振呢？

8. **今年內在最重要的信念是什麼？**這一年如何活出自己，能把內在相信與外在行動整合一致？

9.今年生命的渴望是什麼？這一年靈魂的意願與想望是什麼？想要如何達成目標呢？

10.今年想要讓什麼事情能完美顯化？這一年如何讓自己想做的事情更加完美、把想要的渴望完美成真？

11.今年最能夠釋放壓力的方式是什麼？這一年最能以什麼方式帶出內在靈感信息？

12.今年對什麼事情能夠看得最清晰？這一年在合作中最能奉獻自己的什麼力量？

13.今年對於什麼事情要能夠更多等待與給予耐心？這一年想要如何分享愛與喜悅呢？

七、流年的女神力量： 參考161頁，畫出今年的內在女神圖騰，代表今年的圓滿整合力量。

是主印記重要？還是流年重要？——

很多人會好奇，在一年之中，究竟是出生的主印記重要，還是當年的流年重要？答案就是：出生主印記是一輩子最重要的力量，流年印記就像是多出一個配備的加乘，多了一種可運用的能量。

地球家族

◎守護地球的任務

五個地球家族，對應到地球上的五個脈輪能量點、五個不同的地理位置。因此，我們能想像自己就像是一顆「行走的地球」，我們身體能量的五個脈輪位置會與地球脈輪位置共振。

依照卓爾金曆的排列，從上往下、每天走一個Kin的順序。我們也從最上方的頂輪開始介紹地球家族：

極性家族

對應地球的頂輪，位置在北極，負責接收來自上天的訊息。又稱「橫線家族」，因為此家族的圖騰序號都是以「橫線 一」（調性5）計算，包含5紅蛇 、10白狗 、15藍鷹 、20黃太陽 。

主要家族

對應地球的喉輪，位置在北半球，與地球歷史的文明有關，專門把古老智慧發送出來。此家族的圖騰序號都是以「1點 ‧」（調性1）計算與開展，又稱「1點家族」，包含1紅龍 、6白世界橋 、11藍猴 、16黃戰士 。

核心家族

對應地球的心輪，位置在赤道，掌管地球母親內在心靈的發聲的力量，專門把各種人事物的內在語言轉譯並呈現出來。此家族的圖騰序號都是以「2點 ‥」（調性2）計算與開展，又稱為「2點家族」，包含2白風 、7藍手 、12黃人 、17紅地球 。

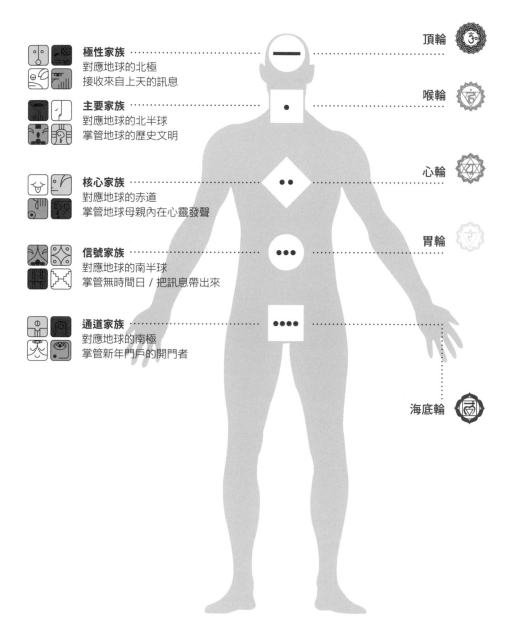

極性家族 ········
對應地球的北極
接收來自上天的訊息

主要家族 ········
對應地球的北半球
掌管地球的歷史文明

核心家族 ········
對應地球的赤道
掌管地球母親內在心靈發聲

信號家族 ········
對應地球的南半球
掌管無時間日／把訊息帶出來

通道家族 ········
對應地球的南極
掌管新年門戶的開門者

頂輪

喉輪

心輪

胃輪

海底輪

地球家族對應脈輪示意圖

信號家族

對應地球的胃輪，位置在南半球，掌管無時間日，運用獨一無二的接收訊息或靈感的方式，把收到的信號傳遞出來。因此，每個西元7月25日無時間日只會遇到這四個圖騰，將無時間日收到的訊號，傳送給新年。此家族的圖騰序號都是以「3點 ⋯」（調性3）計算與開展，又稱為「3點家族」，包含3藍夜 🗿 、8黃星星 ◇ 、13紅天行者 ▦ 、18白鏡 ▷◁ 。

通道家族

對應地球的海底輪，位置在南極，掌管過年這一天，也就是每個西元7月26日，這一天是新年開啟的門戶，通道家族是新年的守門員。因此，每年的新年這一天，就是迎接宇宙頻率的時刻。年度宇宙能量會在新年這一天從地球的海底輪往上進入地球，年度圖騰只會出現通道家族這四個圖騰。此家族的圖騰序號都是以「4點 ⋯⋯」（調性4）計算與開展，又稱為「4點家族」，包含4黃種子 🌱 、9紅月 🔴 、14白巫師 🔮 、19藍風暴 💠 。

練習：連結自己的地球家族——

找到自己的地球家族，守護的是地球的哪一個位置呢？你可以對照世界地圖，看看你的圖騰與家族會與哪個地區、哪些國家特別有連結與感應，前往那個地方旅遊，實際親身到當地旅行，或在靜心冥想之中進行一趟星際旅行，接受宇宙的指引、回應內心的召喚。

極性家族
Polar Earth Family

主要家族
Cardinal Earth Family

核心家族
Core Earth Family

信號家族
Signal Earth Family

通道家族
Gateway Earth Family

地球家族對應區域示意圖

◎個人流年的4年小循環

　　了解地球家族的分類，能讓我們更容易理解流年印記的運行方式，輕鬆計算出「流年印記」的圖騰與調性。因為我們的「個人流年印記」能量是跟著地球家族同頻共振的！同時，接下來的「52流年命運城堡」也是以整個地球家族的四個圖騰去開展。因此認識地球家族是探索自己每年最可以關注並展現什麼力量、活化自己每年優勢特質的重要環節。

　　地球家族一共有五個家族，同一個橫軸，即同一個地球家族，每一個家族都有四位成員，紅、白、藍、黃圖騰各一位，圖騰的序號都相差5。（例如：最上面的橫排，圖騰序號5、10、15、20，分別對應紅蛇、白狗、藍鷹、黃太陽，屬於極性家族）。

　　「個人流年印記，只會在自己的地球家族中循環」因此你的個人流年印記只會出現「自己家族的這四個圖騰」，依照「紅、白、藍、黃」的圖騰順序逐年出現，每多一年，調性會持續加一。

流年速算法——

1. 圖騰循環：流年每年輪一個圖騰，4年一輪，依序包含紅、白、藍、黃的圖騰順序。
2. 調性循環：流年每年輪一個調性，13年一輪，從磁性到宇宙。
3. 生命週期大循環：4×13＝52，52歲走完所有的圖騰調性，回到原點，即出生印記。

52流年命運城堡

現在，我們要把視角拉大，從當下的流年盤，進展到用宏觀格局去理解自己的生命全貌，讓我們一起來看看，星際馬雅13月亮曆法的智慧，如何帶領我們觀看人生的全貌，從生命週期大循環來學習52流年命運城堡。

從出生開始，每一年都會經歷一個主印記，一路進展到26歲、52歲，一直到78歲以上……全人生的流年能量盤，全濃縮在一張「命運城堡」裡。我們之所以稱它為「52流年命運城堡」，因為它是以四條波符的結構形式去組成的，一個格子代表一年，一個城堡掌管了13年，這13年的區間裡包含了一個顏色城堡的力量，總共有52個格子。

這份全觀圖就像在你眼前展開一張「人生地圖」，你會看清楚自己現在的位置、理解自己的過去、現在與未來。接下來，跟著引導，一起來揭開自己的全人生地圖吧！

4個城堡的名稱

東方：紅色啟動城堡，帶有啟動與開創的力量

北方：白色跨越城堡，帶有跨越與淨化的力量

西方：藍色蛻變城堡，帶有改變與轉化的力量

南方：黃色給予城堡，帶有收穫與給予的力量

◎繪製自己的52流年命運城堡

➡接下來以1977年12月12日為範例計算。

STEP 1 **標記重要個人資料**

52流年命運城堡每一年的切換點，就是以你「個人生日當天」為切點。

運用**星際護照**，寫上出生年月日、主印記，並在城堡正中央畫上主印記圖騰。

參考**地球家族章節**（223頁）標記自己地球家族的名稱及四個圖騰（紅、白、藍、黃各一）。

➡ 1977年12月12日的主印記為共振藍夜 。藍夜圖騰屬於「信號家族」，家族有括紅天行者 、白鏡 、藍夜 、黃星星 。

STEP 2 標記四座城堡的開頭圖騰

依照四座城堡的方位，將家族圖騰分別標記在第一格的位置。東方城堡（右）標記紅色圖騰、北方城堡（上）標記白色圖騰，西方城堡（左）標記藍色圖騰、南方城堡（下）標記黃色圖騰。

➡ 在四座城堡的第一格分別畫上家族圖騰。東方城堡（右）畫上紅天行者 ，北方城堡（上）畫上白鏡 ，西方城堡（左）畫上藍夜 ，南方城堡（下）畫上黃星星 。

STEP 3 填滿四座城堡的圖騰

依照波符的流動方向，依照「紅、白、藍、黃」的順序循環填滿四座城堡，並塗上顏色（注意，城堡裡都是家族的四個圖騰循環往復，沒有其他圖騰）。

➡ 以東方城堡為例，第一格為紅天行者 ，後面依序畫上白鏡 、藍夜 、黃星星 ，依此順序填滿城堡。

STEP 4 標記四座城堡的調性

將四座城堡依照波符的順序方向，一一標上1到13的調性。

52流年命運城堡範例

出生日期：1977年12月12日

主印記：共振藍夜

地球家族：信號家族

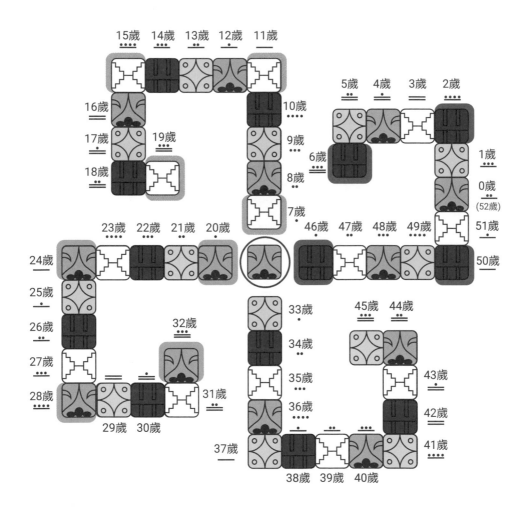

STEP 5 標記年紀

在四座城堡中，找出與主印記調性、圖騰皆相符的位置，並標記「出生0歲」，往後開始標記1歲、2歲、3歲……一直到52歲（依順時針方向標記完四座城堡）。「52歲」這一格，會回到「出生」。

➡ 找到主印記「共振藍夜」的位置，標記「出生／0歲」，並將下一格「銀河黃星星」標記為1歲，就是滿1歲生日。1歲的流年從「銀河黃星星」的頻率開始，依此類推。

★ 如果歲數已經超過52歲，就繼續往下寫，寫到你目前的歲數。

★ 檢查看看，26歲這一年是不是你完美挑戰擴展的印記？52歲這一年是否回到「出生0歲」的主印記位置？如果是，那就畫對了。

【練習】回顧生命歷程的重點──

1. 生命大事紀：從出生到現在，每一年發生了什麼事情？好好回顧並寫下來。

2. 繪製自己的命運城堡圖時，有沒有哪個位置畫錯，或做了塗改？觀察這個共時的現象。看看這些年發生了哪些事，這些「不小心畫錯」的訊息，彷彿是宇宙正在對我們眨眼，讓我們再次看見並清理過往事件中的情緒。

3. 對照那一年的流年能量走到了哪一個圖騰？哪一個調性？在遇到同一個圖騰時，是否發生類似的事件？

4. 流年命運城堡包含三個最重要的關鍵年份，分別是26、52、78歲。請特別留意你在這些年發生了什麼事？26歲屬於「完美挑戰擴展年」，這一年的個人流年主印記，就是主印記的完美挑戰擴展。52歲則是「重生年」，你這一年的個人流年主印記回到出生主印記，與0歲的Kin相同，代表重新誕生。78歲為「完美擴展年」，你這一年的個人流年主印記，就是主印記的完美挑戰擴展。若有機會到104歲，就會是再次重生，你的個人流年主印記會再次回到出生主印記。

5. 你出生在哪個城堡？帶有什麼樣的天生力量而誕生。

6. 你現在正在哪個城堡？正在經歷什麼樣的13年呢？

7. 你下一座城堡是什麼？想要創造並活出什麼樣的13年呢？

8. 看看自己在切換城堡時，有沒有發生什麼重要的改變？

9. 當波符遇到開頭、轉彎與結束的地方，也就是調性1、5、9、13，是可以特別觀察的重要年份。

260天流日調頻魔法

隨著260天的每日能量流「流日Kin」進展,與自己的「各種印記」常有交會的時刻。

我們可以善用這樣的閃亮交會時刻(多重時空的重疊),不僅可以回顧過去、專注當下、更可以「把未來拿到現在來用」,活出「當下就能顯化未來」的頻率。接下來,以不同層次來切入260天流日調頻該如何實際應用:

◎流日走到未來某個印記

把未來拿到現在來用,可以有兩個實際用法:

其一,與個人有關。當「流日Kin」走到「個人下一年的流年印記」,代表260天後就會遇到自己生日。我們就可以利用這天來進行未來這年想顯化的計畫。做一些象徵式的行動、啟動某項計畫的儀式、建構具體的藍圖……等。

其二,與整體宇宙流年(年度印記)有關。當「流日Kin」走到未來「宇宙年的新年印記」,代表260天後就會遇到馬雅新年。這日子就是13月亮曆的4月22日(西元11月8日),我們一樣可以利用這一天先來啟動新年的計畫與頻率。

◎流日與當下波符主題

流日,指的是當天的印記走到哪一個Kin。

把曆法在生活中實踐,應用在每一天的日子裡,13個Kin就代表了13天,一天走一格,每天有著不同的提問與答案:「問句在調性,答案在圖騰」,以波符來完整體驗13天的「波符主題」力量。從Kin1到Kin260,我們會一直不斷地經歷這260天之中20個波符的循環。日子走到哪一條波符,象徵著那13天可以去留意的「共時主題」。

調頻方法──

回到圖騰及調性，再次聚焦要學習的課題。
針對調性的提問、圖騰的解答，主動採取圖騰提示的行動、創造想要的頻率。
觀察生活中發生的事件，是否有對應該主題的學習，以及13個Kin所帶出來的頻率，都是我們在這13天當中能夠覺察的徵兆。

◎流日走到我們的生命波符

主印記Kin = 星系印記日 = Kin Kin Day

當日子走到自己的「生命波符」時，請特別留意，這是再次回到你與生俱來之生命道路的機會。這是一個重新校準、重新修煉自己生命波符裡的課題，能夠活出自己、並再回到自己身上，成為你原本的樣子。

因為每個人的主印記一定都會是生命波符其中一個印記。若是當天的日子剛好遇到你的主印記Kin，則那天就是你的「星系印記日」（Kin Kin Day）。可以用Happy Kin Kin Day給出祝福。

在日子裡遇到自己的生命波符時，這13天也正意味著你整個生命的「微型縮影」。13天，意味著能同頻共振、把能量灌回自己的整個人生頻率，提供更多生命力的提升，課題的轉化與改變。經過這13天，有意識地調頻，你能再次校準原有的頻率，帶著更多力量繼續往前。

◎流日走到我們的流年波符

流年印記 = Year's Kin Day

在自己生日後的第260天，就會再次遇到自己的「流年印記」與「流年波符」。

當走到自己的流年波符時，請特別留意，這是再次調頻校準「流年優勢力量」的時刻。每個人在一年當中，都有一次的機會，能與當年的自己再次相遇。重新修煉當年度的課題，並再回到自己身上，確認自己的力量主題。

　　這是宇宙給我們的機會。親愛的孩子，謝謝自己過去這260天的努力，在流年生日印記的這個日期，可以再幫自己慶祝一次生日吧！當作是重生的時刻。謝謝自己一路堅持到這裡，謝謝自己沒放棄，感謝著並回顧這些日子，幫自己歡慶一場。

　　經過這13天，有意識地調頻，修正自己的方向、想法或做法，你能再次校準當年度的個人頻率，帶著更多力量，勇敢繼續往前。

III

第 3 部

延伸專區

第 **7** 章
關係合盤

我與他人的關係

在我們的生命裡，每個人之間都有著千絲萬縷的聯繫，我們可以想像有隱形的能量線把我們連結在一塊。透過認識自己的星系印記，透過了解關係合盤，能讓我們拉高視角，看懂自己與他人。

我們總是會想知道「我跟他在一起適合嗎？」「我跟他的合作會成功嗎？」或者「我跟他會結婚嗎？」諸如此類的答案。但是，在學習合盤之前，我們要先放掉「是非」、「對錯」的二元性。

13月亮曆法，教導的是超越二元性的思考角度，我們若能超越這些「是否」的二元答案，拉出新高度來看這些問題，便能獲得新的理解。

如此一來，也能開始在互動中觀察自己：我在這段關係中，可以學習什麼？我現在遇到這樣的合作關係，將會為生命帶來什麼樣的體驗？並且帶給我什麼樣的擴展？

成長與改變的契機，就從「重新看見」開始。

◎合盤的計算方式

把兩人或更多人的主印記數字Kin相加，若是超過260，就減去260，直到數字少於260，這就是合盤的Kin，再去對照卓爾金曆，找到圖騰與調性。

合盤，指的是你與某一個人（或某些人）的能量加總。學習合盤的目的，可以讓我們了解人際關係的互動狀況，我們將在這個關係中激盪出什麼火花與能量？這段關係需要學習什麼？優勢力量是什麼？挑戰力量又是什麼？可以一起創造出什麼？以及如何協助這段關係等等，都可以在合盤中獲得解答。合盤大致有以下這些類別：

◉兩個人的關係合盤：伴侶、夫妻、親子、合夥、同事，任何兩個人都可以計算合盤。

◉超過兩個人以上的團體合盤：學習夥伴、旅遊團體、公司同事。

◉整個家庭成員的合盤：原生家庭、婚姻家庭或整個家族。

◉任何你想要計算的組合（寵物也可以），只要有對方的主印記Kin，就可以計算合盤。

◎釐清合盤概念

許多人一定都有這樣的體驗或觀察，在同一家公司裡，有的人可以很輕鬆，與老闆相處愉快，有人卻很辛苦，與老闆處處不對盤；同樣的日子，有人過得很豐盛順流，有人卻過得辛苦萬分。我們借用曆法的頻率來解釋這個現象，因為每一個人的Kin不同，所以即使遇到同一個人、同一個日子，合盤出來的Kin都不同，碰撞出的頻率也會有所不同。因此，我在這裡提供一個進階的討論，讓有興趣深入研究的人作為參考：

◉如果想要了解自己在公司中的工作能量，可以計算自己與公司的合盤。公司的生日以營利事業登記證的日期為準。如果無法取得登記日，或者是小型工作室沒有正式登記，可以用負責人的生日替代。

◉如果想要了解在婚姻關係中的自己，可以計算自己與結婚登記日的合盤。

◉如果想要了解在某天的自己與宇宙頻率激盪出什麼，可以計算自己與當日的能量合盤，也可稱為「個人流日」。

◎合盤的探索

當我們找到合盤的印記後，最關心的就是如何理解這段關係？這段關係要讓我學習的是什麼？如果希望這段關係更和諧、平衡，我可以怎麼做呢？

首先，把合盤的「星系印記與波符」畫出來。接下來，請跟著以下幾項要點，開始好好探索這段關係、解開合盤的密碼（詳細的圖騰與調性說明，請參考第1部）。

一、主印記調性：代表這段關係的互動頻率

1.調性可以看出應該要學習什麼關鍵課題。

2.調性的特質，就是這個互動關係特有的力量。

二、主印記圖騰：代表這段關係最重要的關鍵力量

1.圖騰可以看出應該學習的關鍵課題。

2.能夠互動出什麼樣的氛圍。

3.能一起創造出什麼能量。

4.可以一起合作什麼樣的事。

5.這段關係如果遇到相同圖騰印記的人與日子，可以提供加倍的能量。

三、支持圖騰：代表這段關係的加分力量

1.做什麼事情或行動，能支持這段關係？幫這段關係加分？

2.當這段關係需要支持時，可以往哪個方向探索、思考？

3.這個圖騰的力量能為彼此帶來更多轉化、改變的動力。

4.遇到相同圖騰印記的人與日子，可以在關係裡提供支持的力量。

四、挑戰擴展圖騰：代表這段關係的擴展與張力

1.可以從圖騰看出這段關係比較具有挑戰的課題。

2.做什麼事情或行動，能擴展這段關係？幫這段關係開展更大的可能？

3.這個圖騰可以協助彼此生命擴展力量，並開展原本認為做不到的限制。

4.遇到相同圖騰印記的人與日子，可以在關係裡提供擴展的力量。

五、隱藏推動圖騰：代表這段關係的潛在部分

1.這個圖騰如同關係中的鏡子，把內在隱藏的部分投射出來。

2.這是我們未被看見的潛能，藉由正視這樣的隱藏力量，把力量轉化為推動力。

3.這是在相處中容易忽略的盲點，提醒彼此要去面對的部分。

4.遇到相同圖騰印記的人與日子，可以在關係裡提供推動的力量。

六、引導圖騰：代表這段關係的指引力量

1.可以從圖騰看出能為這段關係提供什麼更高層次的指引力量。

2.為這段關係提供指導與建議，指引彼此達到實踐夢想的境界。

3.遇到相同圖騰印記的人與日子，可以在關係裡提供指引的力量。

七、波符：透過波符，我們能了解這段關係相處的13個關鍵力量

1.磁性：代表這段互動關係的源頭是什麼？這段關係帶有這樣的特質，並且往這個方向邁進。

2.月亮：代表這段互動關係裡比較令人焦慮的部分，也是比較容易引發情緒的面向。

3.電力：代表這段互動關係的特質，一起合作，以此特質服務自己與他人。

4.自我存在：代表這段互動關係的服務形式，共同合作，用這個具體的方式採取行動。

5.超頻：代表這段互動關係最能綻放什麼強大力量？

6.韻律：代表這段互動關係用什麼方式尋求平衡？

7.共振：代表這段互動關係以什麼方式和對方共振呢？以什麼方法讓彼此
回到核心？

8.銀河星系：代表你在這段互動關係中相信什麼？內在信念是什麼？這也
是這段關係最重要的信念，能夠讓你們整合內心與外在。

9.太陽：代表這段互動關係的渴望。確定你們的需求、活出渴望。

10.行星：代表這段互動關係的顯化與呈現方式，讓彼此目標成真的方式。

11.光譜：代表這段互動關係中，最能釋放內在信息的方式，也是讓彼此放
下的方法。

12.水晶：代表這段互動關係中，能看得最清晰的部分，也是這段關係中可
以合作的項目。

13.宇宙：代表這段互動關係的目的地。這段關係的合作，能共同成就彼此
什麼？能透過什麼方式，將愛和喜悅與我們相遇的人及這個世界分享？

內在小孩

內在小孩，是透過自己與父母的「三人合盤」去計算出來的，這是自己在原生家庭中的樣貌，也代表了我們「內在純淨的力量」、「生命根源的善」，更能夠「提醒我們要多去關注與照顧的層面」。

透過「探索」、「看見」並「認回」生命的源頭力量，能協助我們對自己的生命有更多的理解，更接納與包容自己的內心世界。

學習探索生命源頭的方法，我們可以試著找到父親與母親的星系印記，並探索自己與父母的合盤，協助我們認回這個能量。藉由接納原生家庭的源頭頻率，讓我們能更清晰看見自己如何受到原生家庭的影響，進而自我接納，更有自信。當我們更有力量，就能站得更穩，這也是家族及父母給予我們的力量與祝福。

STEP 1　列出父母雙方的出生日期，找到各自的星系印記

參考第2章，計算出父親與母親的星系印記。

若無法取得父母 (或任何一方) 的生日，內在小孩就跳過不計算。

STEP 2　畫出父母與自己的合盤

1.畫出父親與自己的合盤 (兩人的關係合盤)。

2.畫出母親與自己的合盤 (兩人的關係合盤)。

3.利用本章「合盤的探索」的內容，進一步分別認識父親與自己、母親與自己的關係。

4.有什麼發現呢？帶給你什麼訊息或啟發？

STEP 3　Kin數字相加

把父母親與自己三人的主印記Kin數字加起來，就代表了三人關係的合盤，也就是你的「內在小孩」面貌。若Kin的數字若超過260，則減去260，最終數字要小於260。

➡ 父親的主印記是Kin130宇宙白狗 ，母親的主印記是Kin79磁性藍風暴 ，相加 = Kin209磁性紅月 。

父母合盤Kin209磁性紅月 ＋自己主印記Kin163共振藍夜 ＝372，372-260=112，Kin112銀河黃人 即是**內在小孩**印記。

【練習】探索內在小孩——

1.圖騰是什麼？關鍵字是什麼呢？
2.調性是什麼？關鍵字是什麼呢？問句是什麼？力量動物是什麼？
3.帶給你什麼訊息或啓發？
4.波符是什麼？
5.如何照顧這個「內在小孩」？如何好好活出這個力量？

第 **8** 章
馬雅曆法與國王石棺印記

大家可能會好奇，13月亮曆為何會在現代又開始盛行起來了呢？這樣的星際馬雅人智慧，又是如何被重新喚醒的呢？

2012年12月21日，結束大週期，開啟新紀元！

1973年，荷西·阿圭勒斯博士在其著作《馬雅效應》(*The Mayan Factor: Path Beyond Technology*，1973，Bear & Company出版)中，曾經提到一段解釋：

> 從西元前3113年起，到西元2012年，地球與太陽系正在通過一束來自銀河系核心的銀河射線。馬雅人相信，太陽系在經歷長達5,125年的「大週期」(The Great Cycle) 過後，也就是到達2012年12月21日，當地球、太陽和銀河系中心重合之時，太陽系將會發生根本的變化——「同化銀河系」，地球上的人類文明也將進入全新的紀元。

因此，從1992到2012年的20年間，地球進入了「大週期」最後階段的最後一個時期，馬雅人認為，這是與銀河系同步非常重要的時期，因而稱為「地球更新期」。

我相信，許多人跟我一樣，都聽過2012年末日預言的傳說。這些預言在當時確實引來不少身心靈界人士的討論，人們甚至紛紛囤積蠟燭，準備度過所謂的2012年冬至的「黑暗三日」。回想2012年跨越到2013年的

時刻，許多人也跟著地球頻率的轉化，同步經歷生命中的大成長與躍進階段，當時真是所謂新時代的覺醒時刻，也是地球提升的轉化期！

曆法傳遞者

荷西・阿圭勒斯博士，又稱Valum Votan，意思是週期終結者。出生於1939年1月24日（Kin11光譜藍猴），2011年3月23日（Kin89光譜紅月）離世。

荷西博士出生於美國明尼蘇達州，為芝加哥大學藝術史與美學博士，曾任教於多所大學。他將一生的藝術工作奉獻於和平與星球意識轉化運動，其中最讓人耳熟能詳的，就是發起1987年8月16與17日的「和諧匯聚※」活動，提倡全球和平靜心，讓世界關注馬雅與星際馬雅13月亮曆法議題，同時，他也是「世界地球日」（Earth Day）理念的創始人之一。

作為學者，他對《易經》的研究有著卓越貢獻，並深入研究蘊藏於《可蘭經》的數學密碼與時間法則的關聯性。最受人矚目的是，他在1989年發現了「時間法則」（Law of Time），為馬雅曆法數學系統研究貢獻甚多。

荷西博士在1992到2011年間曾環遊世界數次，舉辦無數場會議與研討會，提倡他的理念：「時間不只是金錢，時間更是藝術」，並著有《馬雅元素》、《地球揚升》、《大角星探測》、《時間與科技場域》、《運轉心智場》等多本著作。

荷西博士的主印記為Kin11，也是中國的生日印記（1949年10月1日）。完美隱藏推動則是Kin250電力白狗，開啟白色銀河愛的季節65天的守門員。

他的PSI是Kin131磁性藍猴，也是佛陀的出生印記。另外，Kin144也是個重要的數字，是荷西博士1993年7月26日在墨西哥收到訊息的印記，有啟蒙點化的含意。144也是Gamma的心電感應指數。

※ 世界上第一個全球同步的冥想運動，由荷西博士所倡導，在1987年的8月16及17日於全世界同步舉行。這項運動吸引了成千上萬的新時代活動成員，在全球一百多處神聖地點，如英國巨石群、美國加州舊金山大橋以及亞利桑那州的聖多娜等地參加。

和平旗

和平旗

　　和平旗的三顆圓球，代表了藝術、靈性與科學，是多次元共同體的結合。紅色代表一個人類家族的生命血脈，而環繞著三顆圓球的紅圈，代表了時間13：28的循環本質在生活中的完整落實。

　　1935年，22個國家在美國華盛頓特區共同簽署了尼可拉斯‧羅列赫（Nicholas Roerich，1874-1947）所創立的「羅列赫和平公約」（Roerich Peace Pact），宣示以文化促進和平，懸掛和平旗的地方正是提醒每個人，以和平取代所有戰爭。

　　無論在社區、學校、醫院及公開的場所懸掛和平旗，或推廣13月亮曆活動，都會採用和平旗作為正式的標幟之一。因此，我們分享這套13月亮曆的同時，也是在傳遞這套和平的曆法之精神。

　　文化所在之處，就有和平。
　　和平所在之處，方有文化。

──尼可拉斯‧羅列赫

棋盤預言

在棋盤預言※裡，13月亮曆每個月的第23天，是國王（代表全人類的陽性力量，黃烏龜為其象徵）與皇后（代表全人類的神聖陰性能量，白烏龜為其象徵）相遇的日子，黃烏龜與白烏龜相聚的時刻，具有陰陽能量和諧、合一的力量，也就是馬雅的「戀人日」（情人節）。因此，曆法中的每個月都有情人節。

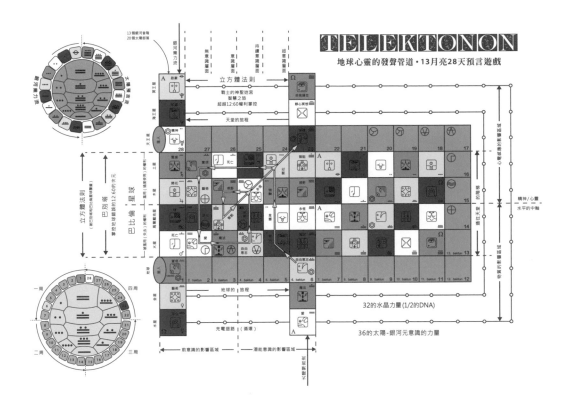

棋盤預言示意圖

※Telektonon，指的是地球心靈的發聲通道，也是心電感應的能量場，就像是立體版的 13 月亮曆知識，整合了 13：20 與 13：28 的校準方式，以第四次元的維度來認知第三次元的世界。

國王石棺印記解密

接下來，我們要介紹的是馬雅遺址與墨西哥國王的陵墓。馬雅史學家認為，帕倫克（Palenque）古城地下陵墓的出土，是馬雅古遺址中最重要的發現之一。帕倫克古城位於墨西哥境內的猶加敦半島上，是7世紀的馬雅城邦，也是馬雅文明古典時期最重要的城邦之一。雖然如今古城大部分的面積都還隱沒在叢林裡，但在這裡卻發現了一具非常具有意義的國王石棺，這座石棺，正是所有馬雅曆法知識的起源。

墨西哥國王帕克‧沃坦（Pacal Votan），中文又可譯為巴加爾大帝或巴加爾二世。帕克‧沃坦國王的石棺（簡稱PV國王的石棺）於西元1952年出土，石棺上頭刻劃的神話圖案中，有著類似宇宙飛行船的圖像，從國王石棺的圖中可以清楚看見，位於中央的國王搭著飛行船，與星際馬雅能量連結。

我們可以這樣推算，帕克‧沃坦國王死亡年份為西元683年，荷西博士死亡年份為2011年，時間相差1,328年，正是13月亮曆13：28（週期序、循環序）新曆法的振動頻率。

北

西

東

南

國王石棺

　　帕克·沃坦國王的陵墓在692年完成，直到1952年石棺出土，經歷了1,260年（舊頻率的能量）。直到2012年冬至，大週期結束，經歷了1,320年，帶出頻率轉換的訊息，從12：60到13：20。

帕克·沃坦國王

出生：603年來到地球※

出生印記：Kin60銀河黃太陽，紅天行者波符

死亡：683年離開地球

死亡印記：Kin58韻律白鏡，紅天行者波符

★出生與死亡的印記，都刻印在石棺南方印記的位置。

★西元692年陵墓落成、下葬。離開地球後，花了9年完成陵墓。

荷西博士

出生：1939年1月24日

出生印記：Kin11光譜藍猴，紅龍波符

死亡：2011年3月23日

死亡印記：Kin89光譜紅月，藍風暴波符

★出生與死亡都是光譜調性，釋放出許多宇宙訊息給世人。

※ 西元 603 年化身來到地球。是第 11 位帕倫克（Palenque）的國王，在位統治的時間共 52 年（631-683 年的 52 年週期的所有銀河時間和預言）

發現帕克‧沃坦國王的石棺

墨西哥考古學家阿爾伯托‧魯茲（Alberto Ruz）1948年在帕倫克發現陵墓，1949年開始挖掘陵墓。歷時3年，打開通往地下陵墓的通道，進入金字塔陵墓入口；1952年6月5日，阿爾伯托‧魯茲在碑銘神廟底部的墓室中，發現了帕克‧沃坦國王的石棺。

石棺出土

1952年6月5日是石棺被發現的日子，當天的印記為Kin208宇宙黃星星（PSI：Kin226超頻白世界橋，藉由連結通道賦予我們最佳力量）。

星際馬雅13月亮曆問世

1952年6月15日是帕克‧沃坦國王的石棺被挖開的日子，可於石棺厚板側面看見13個清晰的印記。自此發現星際馬雅13月亮曆。當天印記為Kin218行星白鏡，代表行星的真相。

共時理論問世

1952年，知名心理學家榮格（宇宙白巫師）發表了《論共時性》（*On Synchronicity*），詳細定義共時現象的「心靈與外在世界」同時發生。

國王石棺的13個清晰印記

在石棺側面有13個清晰印記，分為四個方位，從南方的第一個印記開始，Kin60銀河黃太陽，就是國王出生的主印記。

南方印記：Kin60、Kin58

東方印記：Kin57、Kin176、Kin87、Kin20、Kin245、Kin132

北方印記：Kin106

西方印記：Kin211、Kin30、Kin40、Kin26

這13個印記的Kin數字相加後，得到Kin208宇宙黃星星，代表13月亮曆是一套「宇宙藝術品」的美麗象徵。

　　若單獨將這13個調性數字相加，得到Kin78宇宙白鏡 ，代表13月亮曆是一套能「顯現宇宙知識、揭露宇宙真相」的系統工具。

與曆法最有關連的兩個圖騰

　　紅天行者 ：在石棺南方的兩大清晰印記，是國王出生與死亡的印記，且都在天行者波符，因此我們又稱天行者波符為「國王波符」。

　　白世界橋 ：在石棺的北方與西方，有兩個白世界橋的印記，也是後人唯二有給予命名的石棺印記，Kin106是小鑰匙，Kin26是大鑰匙，因此白世界橋圖騰在曆法的發現中，顯得特別重要。

★紅天行者與白世界橋，是互為支持的圖騰。

【練習】尋找13印記與自己的關聯——

大家可以找找這13個印記與自己的關聯，是否與你的任何印記有關？或者你的主印記是否與大小鑰匙屬於同一個波符？

我發現有件事情很奇妙，許多對馬雅文明或曆法有興趣的朋友們，無論是找我學習曆法，或是找我解盤諮詢，甚至是想要研究或分享推廣的朋友，每當我算出他們的主印記時，常常發現正是石棺上13個清晰印記之一，或者是與石棺有關的任何印記，例如Kin208或Kin78。我總會開玩笑說：「是國王叫你來找我的吧！」

附錄

彩虹橋靜心

　　在等離子SILIO以及水晶調性 ⠒ 的日子，地球母親會釋放出彩虹光，邀請所有馬雅家人一起進行彩虹橋靜心。無論你身在何方，都邀請你的靈魂、意識一同加入我們。

　　彩虹橋靜心的目的是產生一個愛的心靈感應場域。它連結了地球與我們自己的中心，創造一股守護地球磁場的雙極彩虹橋的電磁場。我們將以世界性的心靈感應，創造一個電力流動的場域，這是一個真實正向思維的振動保護場，將地球的共振維持在和諧與寧靜的狀態。

◎靜心引導詞

1. 觀想自己位於地球內部的八面水晶體（上方為兩面紅色與兩面白色，下方則是兩面藍色與兩面黃色）。核心中央是強烈閃耀的白光。一道乙太光柱從閃耀的中心向北方與南方伸展，觸及八面水晶體的頂端。

2. 乙太光柱以紅色與藍色兩道流管旋繞，就像DNA的雙股螺旋結構。

3. 水晶體的內部有四顆時間原子。一顆紅色時間原子繫在北邊軸線，一顆藍色時間原子繫在南邊軸線。八面水晶體的地心重力層，以水平方向由中心向外發射。平面上還有兩顆時間原子，分別是白色與黃色，環繞著中心，以逆時鐘的方向如輪軸般轉動。

4. 想像一道充滿等離子的七彩光，從水晶中央沿著地球兩極的軸線流出，射出後，分

別形成兩道圓心角為180度的圓弧彩虹。當地球繞著自己的軸線旋轉時，彩虹橋維持靜止不動。

5. 接下來，將整座彩虹橋圍繞地球的影像放置於自己的心輪。想像兩道彩虹光流發射，穿過你的中軸線，到達頭頂與腳底，並且在身體的四周形成彩虹橋。

6. 現在，你與彩虹橋合而為一。這座世界和平的彩虹橋是真實的。一旦有足夠的人，以愛的心電感應流一起觀想，這道彩虹橋就會成為真實。

彩虹橋
靜心祈禱文
線上聽

銀河七方祈禱文

來自東方，光之宮，
願智慧曙光在我們裡面，所以我們可以清晰的看到一切。

來自北方，夜之宮，
願智慧果實在我們裡面，所以我們可以從內在了悟一切。

來自西方，蛻變之宮，
願智慧蛻變為正確的行動，所以我們可以完成必需完成的。

來自南方，永恆的太陽之宮，
願正確的行動得以結果，所以我們享受行星存在的果實。

來自上方，天堂之宮，
此時此刻，願星際的同胞與先民與我們同在，並將幸福流向我們。

來自下方，地球之宮，
願她的水晶體核心的心跳，能賜福於我們，
使我們和諧，使我們得以終止所有戰爭。

來自中心，銀河的源頭，
當下所在之處，願一切事物皆以至愛之光為名。

Ah Yum, Hunab Ku, Evam Maya E Ma Ho!
Ah Yum, Hunab Ku, Evam Maya E Ma Ho!
Ah Yum, Hunab Ku, Evam Maya E Ma Ho!

銀河七方
祈禱文
線上聽

20圖騰靜心
祈禱文線上聽

— SEAL 1 —
紅龍

— SEAL 2 —
白風

— SEAL 3 —
藍夜

— SEAL 4 —
黃種子

— SEAL 5 —
紅蛇

— SEAL 6 —
白世界橋

— SEAL 7 —
藍手

— SEAL 8 —
黃星星

— SEAL 9 —
紅月

— SEAL 10 —
白狗

— SEAL 11 —
藍猴

— SEAL 12 —
黃人

— SEAL 13 —
紅天行者

— SEAL 14 —
白巫師

— SEAL 15 —
藍鷹

— SEAL 16 —
黃戰士

— SEAL 17 —
紅地球

— SEAL 18 —
白鏡

— SEAL 19 —
藍風暴

— SEAL 20 —
黃太陽

星際馬雅13月亮曆

在13調性×20圖騰中喚醒天賦力量，循著波符在生命之河中調頻順流，活出真實自我

作者──陳盈君

封面設計──郭彥宏

版面設計及構成──郭彥宏

行銷企劃──蕭浩仰、江紫涓

行銷統籌──駱漢琦

營運顧問──郭其彬

業務發行──邱紹溢

編輯協力──郭玟伶

副總編輯──劉文琪

出版──地平線文化／漫遊者文化事業股份有限公司

地址──台北市103大同區重慶北路二段88號2樓之6

電話──(02) 2715-2022

傳真──(02) 2715-2021

讀者服務信箱──service@azothbooks.com

漫遊者臉書──www.facebook.com/azothbooks.read

漫遊者書店──www.azothbooks.com

劃撥帳號──50022001

戶名──漫遊者文化事業股份有限公司

發行──大雁文化事業股份有限公司

地址──新北市231新店區北新路三段207-3號5樓

二版一刷──2023年7月

二版二刷──2023年10月

定價──台幣680元

ISBN 978-626-97423-3-2

漫遊，一種新的路上觀察學
www.azothbooks.com

f 漫遊者文化

大人的素養課，通往自由學習之路
www.ontheroad.today

f 遍路文化‧線上課程

國家圖書館出版品預行編目 (CIP) 資料

星際馬雅13月亮曆：在13調性 x20 圖騰中喚醒天
賦力量，循著波符在生命之河中調頻順流，活出真
實自我 = 13 moon calendar/ 陳盈君著. – 二版. – 臺
北市：地平線文化，漫遊者文化事業股份有限公司出
版：大雁文化事業股份有限公司發行，2023.07

面；　公分

ISBN 978-626-97423-3-2(平裝). –
1.CST: 曆法 2.CST: 預言

298.12　　　112011210

星際護照

卓爾金曆

1	21	41	61	81	101	121	141	161	181	201	221	241
2	22	42	62	82	102	122	142	162	182	202	222	242
3	23	43	63	83	103	123	143	163	183	203	223	243
4	24	44	64	84	104	124	144	164	184	204	224	244
5	25	45	65	85	105	125	145	165	185	205	225	245
6	26	46	66	86	106	126	146	166	186	206	226	246
7	27	47	67	87	107	127	147	167	187	207	227	247
8	28	48	68	88	108	128	148	168	188	208	228	248
9	29	49	69	89	109	129	149	169	189	209	229	249
10	30	50	70	90	110	130	150	170	190	210	230	250
11	31	51	71	91	111	131	151	171	191	211	231	251
12	32	52	72	92	112	132	152	172	192	212	232	252
13	33	53	73	93	113	133	153	173	193	213	233	253
14	34	54	74	94	114	134	154	174	194	214	234	254
15	35	55	75	95	115	135	155	175	195	215	235	255
16	36	56	76	96	116	136	156	176	196	216	236	256
17	37	57	77	97	117	137	157	177	197	217	237	257
18	38	58	78	98	118	138	158	178	198	218	238	258
19	39	59	79	99	119	139	159	179	199	219	239	259
20	40	60	80	100	120	140	160	180	200	220	240	260